心のおもらし

佐藤二朗

朝日新聞出版

心のおもらし

はじめに――見切り発車でコムラを書く

人生、初コラム。のっけから言い訳がましいというか、無責任なことを言うが、「コラムって要するに何なのか」もよく分からないままの初コラム。

敬愛する先輩演劇人の言葉。「40歳になるまではどんな仕事も断るな」。理由は「40以上になると、どんな仕事でもある程度立場が確立して、〝この人はコレはやる、この人はアレはやらない〟と周囲が決めていってしまうから」とのこと。

なるへそと思ったが、この「40歳になるまではどんな仕事も断るな」という言葉は、49歳になった俺には既に当てはまらない。が、精神年齢の低さには定評のある俺だ。「いつまでも少年の心を忘れない」というポジティブな意味ではない。それはもう、抜群に、圧倒的に、世界の真ん中で精神年齢が低いのだ。6歳の息子と壮絶なデッドヒートを演じるほど、精神年齢が低いのだ。テンパリ沸点はどんな大人よりも低く、かなり些細なことにもすぐさま、浮き足立つ。なんなら常時、浮き足立っている。NGとか出すと「ふにゃら！」とか「あげぴー！」とか全く意味の分からない奇声を発してしまう。たまに「それ、狙ってるんですか？」と聞かれる。馬鹿を言っちゃいけない。「ふにゃら！」とか「あげぴー！」は狙って発する言葉ではない。言葉なのかも疑わしい。無意識に、いつの間にか発してしまうのだ。気付いたら、発してしまっているのだ。自分ではどうにも食い止められないのだ。

なんか書いてるうちに、だんだん自分が不憫な大人に思えてきたが、恐らく、俺は死ぬまで地に足がつくことはないであろう。ないであろう、ではない。ホント自分でも何とかしたいと思ってるのよ。だって、普通に恥ずかしいもの。大人として、かなり恥ずかしいもの。「お茶目な大人」の範囲をとっくに越えちゃってるんだもの。

ただ、無理矢理、ホント強引に、低い精神年齢の良さを挙げるなら、「分別」がないことではないだろうか。もちろん、人の迷惑にならない等の最低限の「分別」は、我々ローメンタルエイジにも必要だ。いま何で英語にしたかは謎だが、てかちゃんとした英訳になってるかも謎だが、そういうことなのだ。どういうことだ。準備万端でなくても、見切り発車でも、ゴーしちゃう分別のなさ。ちゃんとした英訳かも分からぬまま書いちゃう分別のなさ、ここに俺は、俺自身に期待を寄せたい。見切り発車でゴー。身の丈越えてゴー。

そんな訳で、この仕事、やることにした。コラムが何なのかも分からないまま、コラムをやることにした。コラムを書く自信がつくまでコムラを書かないなら、恐らく一生コラムは書かないであろう。途中、コムラになってしまったが、そういう「無茶なことする分別のなさ」を経験することが、なんらかの形で、浮き草稼業である役者に還元されればよい、と俺は思っている。

2018/05/13

目次

第1章　放屁という言葉が好きなんです

第2章 恥ずかしくなるくらい、自分本位で生きてきました

第3章 妻は、なぜ便器と結婚したのでしょう？

第4章　根っからのふざけびとなのだ

第5章　占い師曰く、精神年齢6歳らしいです

装画：新井英樹
デザイン：APRON（植草可純、前田歩来）
校閲：溝川 歩
第5章扉写真：著者提供

○本書掲載のコラムは、「AERA dot.」の連載コラム『こんな大人でも大丈夫?』の2018年5月13日〜2023年3月12日掲載分のなかから厳選、加筆・修正し、再構成したものです。時制、人物名とその状況、番組名、企業名、放送・公開の日程や曜日などもコラム執筆当時のまま記載しています。なお、コラム公開日は各節の最後に記しています。

第1章

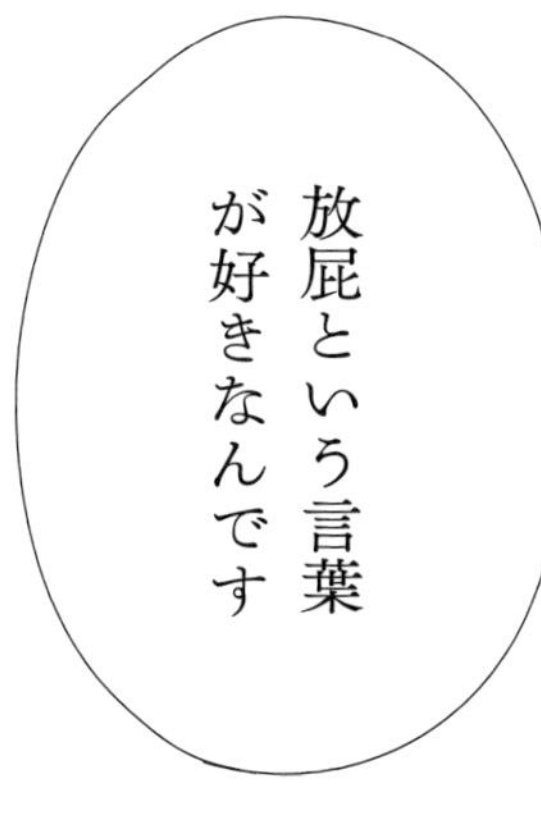

オヤジ道の嗜(たしな)み

まえがきで「俺は精神年齢が小学生並みに低い」と訴えたが、本節は「俺はオヤジだ」ということを訴えたい。俺、俺のこと大好きだから。

「精神年齢が低い」と「オヤジくささ」は共存しうるのか。

これが、本節のコラムの主たるテーマとなる。

ふふ。「これが、本節のコラムの主たるテーマとなる」か。いよいよ俺も気鋭のコラムニストっぽくなってきたな。ふふ。まあ堅実な印象の「AERA dot.」がこのテーマを受け入れてくれるか多少心配ではあるが、俺が心配なくらいだから俺の担当編集者のK氏は気を失いかけてるかもしれないが既に気を失ってるかもしれないのでその隙に書いちゃおう。

「思い付いた駄洒落を口に出さないと気が済まなくなったらオヤジ」という珠玉の名言がある。誰の名言かは敢えて伏せるが山田孝之(やまだたかゆき)という人である。この物差しでいえば、もう俺は、オヤジど真ん中だ。ドラマ『デスノート』（日本テレビ系）の現場で弓削智久(ゆげともひさ)、前田(まえだ)

公輝(ごうき)という若い役者たちがインスタの話をしていて、「え何？　インスタントラーメン？」とちょっと普通じゃ考えられないような低クオリティーの駄洒落で無理矢理カットインした時の、彼らのあんぐり顔はいまだに忘れられない。人はここまであんぐりできるのかというくらい、見事なあんぐりだった。そう。思い付いた駄洒落をすぐさま口にする。それも若者たちの前で果敢に口にする。さらに若者たちにあんぐりされたら、その被虐さえも悦(よろこ)びに変える。何を書いてるんだ俺は。いよいよ担当K氏に本格的に怒られそうだがここで怯(ひる)んだらオヤジが廃る。

湯船に浸かったら「あ〜極楽極楽」と言う。確実に言う。百パー言う。くしゃみをしたら「ハ〜クション！　あチクショウ」と言う。確実に言う。むしろ言わない自分が許せない。喫茶店でおしぼりが出ようものなら迷わず、即座に顔を拭く。顔を拭かずしてどこを拭くという気概で顔を拭く。夏はビールに枝豆プロ野球。メタボを慈しみ、赤提灯を愛する。嗚呼、我、オヤジ道邁進中。

ただ、オヤジ道にも、越えてはいけない一線がある。それは「人を不快にさせてはいけない」だ。老若男女、誰も不快にさせてはいけない。駄洒落を聞かされてあんぐりしたとしても、不快には思わないはずだ。ん、思うかな。思うかも。ごめんよ、弓削と公輝。なんにせよ、著しく不快に感じるオヤジアクションは撲滅すべきだ。オヤジアクションってサカナクションみたいだが、それはともかく、愛すべき、「おもろオヤジ」になろうではないか。

いま誰に呼び掛けたのかイマイチ分からんが、この「おもろオヤジ」になるために、前述のテーマが必要となる。そう、「精神年齢が低い」と「オヤジくささ」の共存である。

年相応の落ち着いた、分別のある、高い精神年齢で放つオヤジアクションはタチが悪い。なんというか、ツッこむ余地がない感じがする。この「ツッコミの余白」が重要で、「おもろオヤジ」の「おもろ」を生み出す。小学3年生程度の精神年齢はそれ自体が「ツッコミどころ」で、それが「おもろオヤジ」の種子となる。

結局、強引に自分を正当化したみたいになってしまったが、本書をご覧の男性諸氏、人を不快にさせない「おもろオヤジ」なら、オヤジを恥じるな。そして女性の皆様、「おもろオヤジ」を許して。どうか笑って許して。特にウチの嫁、ホントゆるちて。

2018/05/27

恋は「ピンポイント好き」から

僕の妻は「耳掘り」が好きだ。

耳を掘らせると大概の機嫌は直る。わりと深刻な夫婦喧嘩をしたとしても、「耳、掘っていいよ」と言うと、パッと顔が明るくなる。非常に安上がりだ。

あまりに嬉しそうに僕の耳を掘るものだから、一度恐る恐る妻に聞いてみたことがある。

「ねえ、俺と結婚したの？　それとも俺の耳と結婚したの？」

「耳」

即答だった。

先端が光る最新式（？）の耳掘り棒や、太さの異なる何種類もの綿棒などを駆使し、僕の耳を嬉々として掘りながら、「あ～あ、君の耳が五つくらいあったらいいのに」と無茶なことを言う。とにかく僕の妻は、僕の耳が好きらしい。ことによると、僕よりも僕の耳が好きらしい。まぁいい。まぁいいではない。いくない。全然いくない。耳に負けてどうする。俺の耳に俺が負けてどうする。とはいえ、俺の耳は俺のものであるから、まぁいっかという気持ちにならないでもない。

先日、公開中の映画『50回目のファーストキス』（福田雄一監督、2018年）の取材を受けた。恋愛作品ということもあり、映画の公式ツイッターで「佐藤二朗の恋愛相談室」と題して悩みや相談を一般から募集し、僕がそれに答えるという企画があった。完全に相談する相手を間違えてるだろと思いながらも悩みを聞いてみた。

「妻子ある男性を好きになってしまいました。どうしたらいいでしょう？」

「あきらめなさい」

「好きな男性がいます。彼が私のことをどう思ってるのか、イマイチ分かりません。どうしたらいいでしょう？」

「彼に聞きなさい」

「ムロツヨシさんのことを好きになってしまいました。どうしたらいいでしょう？」

「ムロに言え」

などなど、身も蓋もない答えも何度かしてしまったが、20年以上も恋愛から遠ざかってるオッサンなりに、真剣に、悩みや相談に答えた。

10代から40代までの様々な恋愛の悩み、相談があったが、僕が驚いたのは、その中で一番多かった質問が「好きな異性が見つかりません」という悩みだったことだ。

そういえば数年前、『私たちがプロポーズされないのには、101の理由があってだな』（LaLa TV）というドラマで「好きの意味が分からない」女性を主人公にした脚本を書いたな、などと思いながら、「そんなに焦らなくても、好きな異性が現れるまで、待っていればいい。自然に現れると思いますよ」という、毒にも薬にもならない不甲斐ない回答をした。やっぱり恋愛相談は難しい。

「人を好きになる」という感情は、案外あやふやで、心もとないものかもしれない。気付いたら好きになってたり気付いたら好きじゃなくなってたり、好きになりたいと思って好きになれなかったり好きになりたくないと思って好きになっちゃったり。

でも、その人の「ここが好き」という、「部分好き」はわりと手触りが確かな気がする。どうせその人のことをいきなり丸ごと全部知るのは難しいから、まずはこの「ピンポイント好き」から気楽に始めるのも一手ではないだろうか。「彼の耳が好き。彼のことはよく分からないけど、とにかく彼の耳は好き。耳だけ大好き」みたいなところから始まる恋もあるのではないか。

待て。おい待て。自分で書いといてなんだが、待て。この文脈だと俺の妻が本格的に俺よりも俺の耳が好きみたいじゃないか。耳だけが好きみたいじゃないか。何が「ピンポイント好き」だ。やだ。やっぱりやだ。妻には俺の耳が好きでもいいけど、やっぱり俺を丸ごと全部好きになってほしい。

中年のオッサンがかなり気持ち悪いことを書いてる自覚はあるが、俺よりも俺の耳と結婚したと即答する妻に耳を掘らせながら、「まぁいっか」と思えるのは、一緒に過ごした年月の長さがそうさせるのかもしれない。
「好きな異性が見つからない」という方々。24年連れ添ってる配偶者から「君の耳と結婚した」と言われちゃってる中年男性がここにいますよ。あやふやで骨が折れる恋愛のプロローグとして、手触り確かな「ピンポイント好き」から始めるのも一興かもよ。一切、責任は持てんが。

2018/06/10

息子6歳、父の姿に目を背ける

いま僕はパンチパーマだ。パンチ佐藤だ。いやパンチ佐藤ではないが、確かにパンチ佐藤だ。パンチ佐藤さんとはもちろん別人ではあるものの、パンチ佐藤と言われてもぐうの音も出ない。だって僕、名字が佐藤で、いま頭がパンチだから。冒頭からよく分からないことを書いてるが、こんなにたくさん「パンチ佐藤」って繰り返すの初めてだし、おかげで僕の携帯電話は（このコラム、携帯電話で書いてます）、「パ」と打つだけで変換候補の筆頭に「パンチ佐藤」が出るという異様な事態に陥っている。陥っているって自分で勝手に陥った訳だが、とにもかくにも、まだお会いしたことのないパンチ佐藤さんに感謝と敬意を表したい。

僕がパンチ佐藤（←もういい）にしたのは、（2018年）10月から放送が始まる日本テレビ系列の連続ドラマ『今日から俺は!!』の役のためだ。実は、パーマを掛けるのも人生初で、まさかいきなりパンチパーマになるとは思ってもみなかった。なにやら何段かの階段を一気に飛び越えた気がする。あるいは飛び降りた気がする。

パンチパーマにした日、妻と息子（6歳）がどんなリアクションを見せるか、不安半分、楽しみ半分で帰宅した。僕にあまり興味のない妻は、僕を見るなり、「似合うんじゃない？まぁ、うん、似合う似合う」と笑いを噛み殺しながら言った。無責任にも程があるリアクションだ。しかし問題は息子だ。ビックリして泣き出すんじゃないか。怖がってオロオロするんじゃないか。いろいろ想像したが、そのいずれの予想も外れた。テレビでアニメを見ていた息子は、僕の顔をほんの少し一瞥（いちべつ）したのち、目をバッと逸（そ）らしたのだ。逸らしたというか、背けた。見てはいけないものを見てしまった感じだった。正確には僕に「おかえり」と言おうとした息子は、「おかえ……」で目を背けた。最後の「り」をのみ込んだ。6歳児に言葉をのみ込ませるパンチパーマ。強者だ。そして「おかえ……」で思い付いたので「岡江久美子（おかえくみこ）さんもビックリだ」と書こうとしたがあまりにふざけてるのでやめようと思ったが書いてしまったどうしてくれよう。

それまで僕は、30年くらい同じ髪形だった。同じ髪形というか、基本、仕事の時以外は整髪料は一切使わず、洗って乾かしたらハイおしまい。スタイリング無縁のほったらかし。なので、「たまには冒険してみるのもいいかな」くらいの軽い気持ちでパンチパーマにしたのだが、甘かった。冒険にも程があった。インディ・ジョーンズだって「ちょっと今回の冒険、やめとくわ～、うん、パス、今回インディ、パス」となるんじゃないかくらいの冒険だった。いまパンチパーマが伸びに伸び、僕の頭は巨大なカリフラワーのようになっている。ただでさえ僕は、顔が小さくない。ハッキリ言えば、むっちゃ顔が大きい。3頭身くらいだ。ちょまて。ドラえもんじゃないんだから、せめて5頭身くらいかな。とにかく、尋常じゃないくらい顔が大きい。そこにもってきて、巨大カリフラワーだ。どうしようもなく顔面の面積が膨れ上がった今の僕は、もはや人というより、顔だ。人がコラムを書いているのではない。顔がコラムを書いているのだ。たとえば遠くからアナタに向かって僕が歩いてくるとする。きっとアナタはまず、「おや？　向こうから顔が歩いてくるぞ」と思うだろう。近づくにつれ、「いや待て！　顔が歩いてるんじゃない……人だ！人間が歩いてるんだ！」と気付く。そして更に近づいて、ようやく佐藤二朗と認識するだろう。顔→人間→佐藤二朗の順だ。佐藤二朗である前に人間であり、人間である前に顔なのだ。もう俺、芸名「顔」にしようかな。「出演・顔」。いいかも。新しくていいかも。あ、どうせなら、表記を「ＫＡＯ」にしよっかな。ハリウッド進出しちゃうかも。あと、そこのアナタさ、黙って読んでないで僕を助けなさい。

まぁでも、良いこともある。今まで僕は帽子に興味がなく、たま～に被るとしてもキャップ一辺倒だったのだが、今回のことで帽子をいろいろ物色し、生まれて初めてハットを買った。麦わら帽子みたいなやつ。カールおじさんと紙一重な訳だが、これが案外、「二朗さんに合いますよ」とおおむね好評なのだ。冒険をしてみると、思わぬ良いことがあったりもする。

読者諸兄。もし街中で、向こうから顔が歩いてくると思ったら、恐らくそれ、僕です。僕か、モヤイ像です。モヤイ像はあんまりその辺を歩いてませんから、やはり僕です。怖がらずに気楽にお声掛けくださいいね。

2018/06/24

＊本稿にご登場いただいた岡江久美子さんは、この後の2020年4月23日に逝去されました。生前、一度だけお会いした時の優しい笑顔をハッキリと覚えています。どうか岡江さんが安らかな眠りにつかれますよう。——佐藤二朗

独特の足

今回、当コラムは5回目であるが、今まで「俺、精神年齢が8歳くらいなんだよね」とか「俺、赤提灯好きのオヤジなんだよね」とか「俺の妻、耳掘りが好きなんだよね」とか「俺、今、パンチパーマなんだよね」ということをテーマに書いてきた。おい。何がテーマだ。こんなもんテーマでも何でもない。俺だ。俺、俺、俺、俺の妻、俺だ。俺、大好きなんだな俺のこと。要は自分を切り売りして書いてきた訳だが、もう、こうなったらアレだ、切って売るものが俺になくなるまで俺は俺を切って売ってやる。意地でも世間を賑わす社会現象やホットでタイムリーな話題に関しては書かない。もちろん世相なんて斬らな

い。てか斬れない。そういうの書く素養が俺自身に全くない。担当K氏に「いい加減、コラムらしい文を書いてください！」と胸ぐらを掴まれるまで、我は我の道を行く。胸ぐらを掴まれたらちょっと考える。俺、怒られるの苦手だから。

　そんな訳で、俺は足が大きい。いきなり清々しいほどの切り売りだが、足のサイズを聞いたら清々しさも吹っ飛ぶはずだ。31センチ。もはや人の足の数字ではない。小学生のランドセルからよくはみ出している30センチ物差し。アレより大きい。意味が分からない。なおかつ幅広・甲高なものだから、靴は巨大だ。23センチの妻は、靴を履いて俺の靴が履ける。靴を履いて俺の靴を履く意味はまるでないのだが、試しに冗談で言ってみたらホントに履けたので俺は笑った。笑ったあと少し泣いた。もう、ここまでくると、俺の靴は靴というより、ほぼ小舟だ。小舟というのもおこがましい。舟だ。普通に舟だ。矢口真里（やぐちまり）さんならホントに乗って航海に漕ぎ出すことができるかもしれない。池乃（いけの）めだか師匠なら3人くらいは乗船できるだろう。

　困るのはドラマや映画の衣装合わせの時だ。今でこそ、持ち道具さんの間で「佐藤二朗の足は尋常じゃなく大きい」ことが浸透し、31センチの巨大な靴をどの持ち道具さんも用意してくれるようになったが、昔は辛かった。持ち道具さんの目が「なんでお前の足はそんなに大きいんだ。ふざけてるのか」と言ってるようだった。無論ふざけてはいない。わりとふざけた人間ではあるが、足の大きさはふざけて31センチになった訳ではない。京都の太秦で時代劇をやった時、足に合う足袋がなく、困り果てた持ち道具さんから「なんやのソレ、ホンマになんやのソレ」と呆れられた。「なんやのソレ」と聞かれても、「足です」としか言いようがない訳だが、申し訳ない気持ちで一杯になったものだ。

スリッパやサンダルは、かかとが出るなんてことは当たり前。つま先さえ入らないこともある。そうなるとほぼ裸足だ。高校の修学旅行でスキーに行っても俺だけ足に合うスキー靴がなくて見学。ボウリングに行くとみんなのレンタルシューズはマジックテープなのに俺のだけ紐。居酒屋や銭湯の靴ロッカーでは、両足の靴が1個のロッカーに入り切らず、片方ずつ入れて2個分のロッカーを使う。電車ではよく足を踏まれる。なんなら自宅でも妻によく踏まれる。ごめん、ちょっと今から近所の土手に行って泣いてきます。

ただ実は、足の大きさが31センチもある人というのは、確かに身の回りにはそんなにいなくても、世界中を探せば、結構な人数がいると思う。俺が世界に類を見ないのは（↑ヤケクソで話を大きくしてみた）、身長と足の大きさとのバランスのおかしさである。多分だが、足が31センチもある人は、身長がヘタをすれば2メートル、最低でも190センチ近辺なければダメであろう。いやダメってことはないが、バランス的にその辺りが相場だと思う。ところが俺の身長は181センチしかない。この身長なら普通は足の大きさは26〜28センチくらいではないか。身長が１８１センチしかないのに足が31センチもあるというのは、例えるなら、ごめんなさいまるで例えが思いつかないんだが、要するにめっちゃファンキーなバランスなのである。

俺が産まれた時の体重は、４２５０グラム。巨大児だ。それが全部、足や顔に行っちゃったんだろね。だから足や顔が、身長に比しておかしなくらい大きいんだろね僕。母親からは「あんた産んだもんでこうなった」と、そのでっぷんでっぷんの腹をさすりながらよく言われたものだ。

「独特の芝居」「独特の間」。よく言われる。ありがたいことだと思っている。しかし俺自身は独特になろうと全然思ってないのに周囲から独特と言われる。これ、もしかしたら、身長と足のバランスのおかしさが関係してるかも。根拠はないが、わりと本気でそう思う。だって独特だもの。この身長でこの足の大きさ、ホント独特だもの。こんな人、俺、今まで出会ったことないもの。

そうだ。怪我の功名みたいに考えよう。スリッパが足に入らなくても、電車でよく足を踏まれても、独特の芝居を手に入れたのならそれで良い。ん何？　独特の芝居と独特の足の大きさは全然関係ない？　……ごめん、やっぱ今から近所の土手に行ってきます。

2018/07/08

「ふにゃけ大人の会」、スピード解散！

暑さに弱く、寒さに弱いという面倒体質の俺だが、他にも弱いものが数多ある。静電気に弱く、ジェットコースターに弱く、お化け屋敷に弱く、高いところに弱く、方向感覚に弱く、虫に弱く、妻に弱い。

ちょっとこれでは情けなさ過ぎると思い、わりと真剣に「俺は何に対してなら強いか」を小一時間考えたが全く思い付かず、考えるのをやめたこともある。以前そんな内容をツイートしたら、「二朗さん、酒に強いじゃないですか……強くないか」とリプをくれたのは友人の故・前田健だった。そう。お酒は好きだが、別に強くはない。すぐ、ふにゃける。酒だけでなく、寒いとふにゃけ、暑いとふにゃけ、お化け屋敷にふにゃけ、虫にふにゃける。ゴキブリが出ようものなら、ふにゃふにゃになる。まさに「ふにゃけ人生」なのだ。

母校の中学校から講演依頼が来た。ミスターふにゃけの名をほしいままにする俺としては、全く講演なんて柄ではないし、人様の前で語れることなど何もないのでお断りしようと思ったが、今は地元の町役場に勤める幼なじみからの依頼ということもあり、郷里への恩返しのつもりでお受けすることにした。

「中学生に教えられることなんてあるの？　アンタ」と妻に聞かれた。「こんな大人でもなんとか生きていける、ってことを教えるんだよ」と半ば不貞腐れながら答えると、妻は笑って呆れて少しだけ納得したようだった。

かつて僕が中学生だった時、大人は全くふにゃけてないと思っていた。大人はしっかりしていると思っていた。だから大人は大変だと思い、大人になることは楽しみでもあったが、それよりも怖さみたいな気持ちの方が勝ってたような気がする。

事実、大人はしっかりしている。大人はふにゃけてない、というより、ふにゃけられない。少なくとも容易にはふにゃけられない。幸いにも役者という、人に迷惑を掛けないということ以外はわりとふにゃけてても大丈夫？な職に就いた僕は、情けないと思いつつも公然とふにゃける。が、まっとうな職業の大人たちは、容易くふにゃける訳にはいかないだろう。「しっかり」の鎧を容易く脱ぐことはできないだろう。

ただ、どうだろね大人の皆さん。本当に大切なもの、本当に大切な人、それ以外は、少しくらい、ふにゃけててもいいんでないの。正座した足を崩し、暑さに耐えられないなら少しくらい、そのネクタイ、緩めてもいいんでないの。よし。決めたぞ。俺はここに、「ふにゃけ大人の会」を発足するものである。

とはいえ。しっかりしようと思い、強くなろうと思い、あとに続く者の範となるべく、歯を食いしばる大人はカッコいいし、そのさまは美しい。それに、全部の大人が俺みたいなミスターふにゃけになった世の中は想像したくない。よし。決めたぞ。「ふにゃけ大人の会」、解散。バカ。俺バカ。ただ、こんな大人でも大丈夫。母校の中学生たちが、「大人になるのは楽しみ」とほんの少しでも思ってくれたら、いいな。

2018/07/22

●

必死の初「宴会」

オーノー。ノーノーオーノー。オーノーノーノーオーノーノー。ノーオーノーノーノーオーノー。オーノー？　ノーノーオーノー。こいつ、どうかしてしまったのかとお思いだろう。実際、どうかしている。どうかしてしまっている。体が硬く、前屈で地面に指先が着いたことがない僕が、リズム感というものが悪いというか、ほぼない、この僕が、なななななんと、今、ミュージカルの稽古中なのだ。舞台『シティ・オブ・エンジェルズ』（演出・上演台本　福田雄一）。新国立劇場の中劇場にて（２０１８年）９月１日より。つまり本番まであと10日ほど。オーノー。本格的にオーノー。

夢だ。夢と思いたい。寝て、目覚めたら、「バッカじゃ～ん、お前ごときがミュージカル出られる訳ないじゃ～ん、なし～、お前の出演なし～」とミュージカルの神様的な人に言ってもらいたい。神様が無理なら仏として俺が俺に言ってあげたい。「二朗よ。お前のミュージカル出演。……うっそ～ん、かわうっそ～ん」。ちょ待て。ふざけてる場合ではない。おそらくミュージカル出演は、現実なのだろう。だって今これ書いてる目の前で、山田孝之と山田優ちゃんが一生懸命に稽古してるから。いま俺、稽古場にいるから。次の次くらいに、俺の出番だから。

いや、いやいや、あのね、観るのは好きなの。ミュージカル観るのは好きなのよ。だって目の前でよ、自分のすぐ目の前でよ、生身の人間が歌ったり踊ったりする姿を観るのは、やはり楽しい。絶対に自分には出来ないことを、出来る人たちが見事にやり遂げる姿を観る、てな意味でも、やはり楽しい。でも、餅は餅屋。僕がやることになるとは、微塵も、本当に微塵も考えたことがなかった。

実は今まで、演出の福田雄一から、何度かミュージカルに出ないか、とお誘いを受けていた。が、歌えない踊れないを理由に全てお断りしてきた。実際、「俺なんかがミュージカルに出ちゃいかんだろう」という思いがあった。

去年の夏、ちょうど1年前。映画『銀魂』（２０１７年）の地方での舞台挨拶を、小栗旬氏、長澤まさみ氏、監督の福田、僕の4人で廻ったことがある。その時、当時、ミュージカル『ヤングフランケンシュタイン』（演出・上演台本　福田雄一）の稽古中だった小栗が控室で、楽しそうに、本当に楽しそうに、歌やダンスを1人で練習していた。それを不思議そうに見ていた僕に、福田が満を持したように、「二朗さん、小栗くんだって、山田（孝之）くんだって、こうやって新しい可能性に挑戦しようとしてるんだよ。二朗さん、先輩として、どうなのよ」と、説得というより、ほぼ説教をされ、なんだか分からんがこの時ばかりは「うん、そうだな、うん、うん、はい、はい、そうですね、はい」と途中から敬語に変わり、最後にはほとんど先生に怒られてる生徒みたいになり、そんで、出ることになったのミュージカル。

孝之が初舞台に『フル・モンティ』（演出・翻訳・訳詞　福田雄一）というミュージカルを選んだ理由をこう言っていた。「とにかく、無謀なことをやりたかった」。なんでやねん。いい歳した大人がなんでわざわざ無謀なことをするねん。ただ、見習わねば、と正直思った。いや別に無謀なことをしなくてもいいんだが、このメンタルは見習わねば。世の中のちゃんとした大人が、みんな無謀なことをし出したら、ひっちゃかめっちゃかになってしまうだろうが、僕たちは役者だ。年相応の分別で無茶をしないのは、ちゃんとした大人の方々に任せて、浮き草稼業の僕らは、分別なしに無茶をやらかして、そんなんも含め、皆様を楽しませねば。これは「役者だから許される」という免罪符の意ではない。「役者ならそうありたい」という、むしろ僕が僕を縛りつける、枷(かせ)だ。

昔、大好きな先輩俳優である鶴見辰吾(つるみしんご)さんが、ロケ現場（確か静岡だったと記憶している）まで、なんと趣味である自転車でおいでになって、驚くスタッフや共演者に、「役者はさ、みんな、人を驚かすことが好きなんだよね」と笑顔で仰っていた。

さあ、驚かそう。無茶をして、皆様を驚かそう。無論、お金を支払って「ミュージカル」を観に来るお客様方を愉(たの)しませるために、必死だ。プレッシャーもある。ただ、50歳日前の初ミュージカルを観るのも一興かもよ。演出の福田の言葉。「僕はミュージカルを、宴会みたいなものだと思っている」。さあ。俺たちのとびきりの宴会を見よ。「歌えない踊れない」を言い訳にしない。嘘。多少言い訳にするかも。や、これも嘘。言い訳が入り込む余地がないくらいしっかりと。や、これも嘘。もう何を言ってるか分からない。ただ、観る人、1人でも多くの方々が、とびきりの笑顔で劇場をあとにする、極上の宴会、全力のおもてなし、必死でやりまっせ～。え何？　そんな必死でやる宴会は観たくない？　馬鹿を言うな。必死で祭りの火を焚かなきゃ、そんな祭り、誰が観るんだ。俺たちの必死の宴会、期待せよ。

2018/08/19

沢庵と父の威厳

「ものを知らない」。よく言われる。事実そうだと思うし、大人として恥ずべきことだと自覚している。「アヒージョ」という言葉は2年ほど前に知った。それまでの47年間、僕の人生にアヒージョはなかった。知ってからは3日に1回くらいアヒージョを食べている。食べ過ぎだ。でもめっさ旨いよねアヒージョ。

「カマドウマ」は数日前に知った。妻が「最近、わたし、腕が太くなっちゃって……カマドウマみたい」と言うので、「え何? 何ウマ?」と聞いたことにより知った。妻は呆れながら、昆虫の一種だと教えてくれた。

先日、晩酌中にふと、本当にふと思って、妻に聞いた。「沢庵ってさ、要するにさ、何なの？」。妻は「ちょっと」と小声で囁き、僕を別部屋に導いた。「父の威厳が失墜するから、息子の前で変な質問やめて」と怒られた。そりゃそうだ。沢庵は大根の漬け物だ。ちょっと考えれば分かる。いや考えなくても分かる。常識だ。しかし、なんか俺、沢庵は沢庵だと思ってたんだよね。幼き頃より当たり前のように食卓にあった沢庵は他の何物でもなく要するに沢庵だと思ってたんだよね。いや勿論、沢庵は沢庵なんだが、沢庵が大根というところまで頭が回らなかったというか、要するに僕ちょっと馬鹿なんす。これマジで。いや、開き直るのはよそう。無知は恥だ。恥ずべきことだとしっかり自覚し、しっかり恥じよう。そして無知を改めるよう努めます、ハイ。

僕の知り合いの舞台演出家に、とんでもなく、本当にとんでもなく、財布や携帯を置き忘れる人がいる。あらゆるところに置き忘れる。自宅はもちろん、稽古場、居酒屋、タクシーの車内、電車の座席、果てはバス停に置き忘れる。あまりに頻繁に置き忘れるので、何かのギャグかと思ったが、どうやらギャグではないらしい。本人は至って真剣に悩み、なんとか改善したいと思っている。で、その矢先にまたどこかに置き忘れる。「もう泣きたいよ」とは本人の弁。

ところがこの人、こと役者を演出すること、芝居を観る眼、は、ちょっと異常なくらい発達している。もう、ほとんど超人レベルだと僕は思っている。

また、別の旧知の演出家は、繊細な神経も持ち合わせてるのに、こと「人に批判されること」に関しては、まるで気にせず、気にせずどころか、悦びに変えている節があり、こう書くと少し変態みたいだが、多分変態なのだろう。批判を自身の力の源にしているというか、むしろ燃料にしている感じ。先日、このことに関してその人と話したが、「おそらく、批判を気にする神経が切れている。あるいはその神経そのものが無い」という結論（？）に至った。

かといって、その人が「図太い」かというと、そうでもない。他の人が見ないところを見て、他の人が気にも留めないようなことを気にして、他の人が考えもしないことを考え込む。

つくづく、人は一概に「○○な人」と色分けは出来ないな、と思う。「繊細な人」といっても、あるところには凄く繊細で、あるところでは全くズボラだったりする。「物知りな人」と一概にいっても、あるところには凄く知識が深く、あるところでは全く物を知らないということもある。

わたた。自分が無知であることとの言い訳みたいな結論になっちゃった。繰り返すが勿論、無知は恥ずべきことだ。改善するよう努めます。これホントに。ただまあ、色んな人がいるし、色んな人がいていいし、色んな人がいる方がなんつーか、愉しいよね、てな感じでどうかひとつ。さ、今夜の晩酌は、アヒージョにするかね。

2018/09/16

計算外の放屁、計算尽くの放屁

「放屁」という言葉が好きなんです。ええ。好きなんです。言わずもがなですが、「放屁」とはその字の通り、「屁を放つ」ことです。いや別に屁をすることが好きな訳ではありません。いや特に嫌いでもないですが、取り立てて「僕、屁をするのが好きで好きで仕方がないんだ！」という訳でもありません。放屁という「言葉」が好きなんです。「ほうひ」という語感にも何やらワクワクしますし、同義である「オナラ」よりも1歩も2歩も後ろを歩くような控えめな佇(たたず)まいが好きなんです。何を書いてるんだ俺は。放屁の佇まいってなんんだ。担当K氏が怒りを通り越して泣いてる姿が目に浮かぶが、沈めてこのまま書き進めよう。

数年前。ショッピングセンターのエレベーターで、僕と同年代の中年男性と2人きりになりました。密室。オヤジ2人。勘の良い読者諸兄は文の流れからして大層イヤな予感がしてらっしゃることと思います。ええ。その予感、当たってます。微塵の差異なく当たってます。

彼を責めるつもりはありません。なぜなら彼には良心と恥じらいがありました。彼は、臀部(でんぶ)の片方を広げ、無音放屁に挑んだのです。しかしその目論見は無残にも失敗に終わりました。ええ。失敗です。「ブッ」という音は回避されたものの、「スーーーーーーーーーーーーーーー」という、それはそれは長い、彼にとっては永遠にも似た、永く、苦しく、切ない、いわゆる「抜け放屁」の音色が密室に響き渡りました。意を決して、ひとたび緩めた臀部、放たれた屁を、途中で止めることは至難の業です。彼にとって唯一の救いは無臭放屁だったことでしょう。

やはり彼に非はありません。今、わざわざ改行したことにより、「この話題、まだ続ける気か」と絶望的な気持ちになった読者諸兄。諦めなさい。そしてこの文、携帯で書いてるので、「彼に非はありません」の文が予測変換で「彼に屁はありません」となったことも併せてご報告しておきます。そうです。彼を責めてはいけません。むしろ僕は彼を抱き締めたくなりました。いや抱き締めたくはありませんが、密室という戦場で果敢に無音放屁に挑み、散っていった戦友として、彼を讃えたい。ちなみに彼は紺色のＴシャツにベージュの短パンで、僕と軽くペアルックになっていたことも併せてご報告しておきます。

「計算外の放屁は恥ずかしい」が持論です。計算外の放屁の代表格は「寝屁」でしょう。美容室で髪を切られながら、寝落ちしそうになるのを、「寝屁」を聞かれたくない一心で、まぶたをこじ開けた経験は、わたし１度や２度ではありません。ええ。３度あります。対して計算され尽くした放屁は、もはやエンタメと言ってもいいのではないでしょうか。放屁における僕の弟子に安田顕（やすだけん）という人がおりますが、自在に屁を放つ安田の技術は、芸術の域に達していると思います。まぁ放屁を緻密に計算してる時点で、むしろ寝屁より恥ずかしいかもしれませんが。

なんてことでしょう。放屁一色でここまで書いてしまいました。担当Ｋ氏が怒りも涙も通り越し、遠くの一点を見つめる姿が目に浮かびます。ごめんよＫさん。でも、人を不快にさせることには注意を払いながら、愉しい放屁ライフを過ごすって大事なことだと思うんだ。いやそんなに大事なこととは思ってないけど、愉しいことってそれだけで尊い気がするんだ。だから放屁は尊いんだよ。これしかしアレだな。ホントに「AERA dot.」、載せてくれるかな。

宮沢りえ的緊張緩和法

2018/09/30

いや〜、ようやく終わりました。僕がミュージカルに初めて挑戦した、舞台『シティ・オブ・エンジェルズ』。ホントね、緊張の連続でした。だってカラオケでもあんまり歌わない（泥酔したら歌う）僕がですよ、プロのオーケストラの伴奏で歌うんですよ。恐れ多いやら、でもお金を支払って観て頂くお客様方を裏切れないやらで、そりゃ並の緊張じゃなかったです。

以前、知人から聞いたのですが、人が緊張しないようにするために、唯一有効な方法があるそうです。それは「緊張したいと思う」こと。心の底から「緊張しなきゃ」「緊張したい」と思えば、逆に緊張しなくなるとのこと。ホンマかいな、と思うのと同時に、なるほど、そうかもしれないとも思います。

現在公開中の映画『ルイスと不思議の時計』（イーライ・ロス監督、２０１８年）、その吹き替え版で共演した宮沢りえちゃんが、先日こんなことを言ってました。「最近、緊張を、〝興奮〟と思うようにしたら、少し緊張が和らぐようになりました」。緊張して手や膝が震えているのを、「これは興奮してるからだ」と思うようにしたら、少し楽になったとのこと。これにも「なるほど」と思わされました。

テンパリ沸点が異様に低く、あたふた、わちゃわちゃさせたら他の追随を許さぬ僕です。あらゆる場面で緊張しない訳がありません。そんな僕は、「緊張してることがバレてもいい」と思うようにしてから、少し楽になった気がします。緊張してることを隠そうとしたら余計緊張してることに気付き、そう思うようにしました。

ちょっと恥ずかしいことを書きますが、高校生の頃は女の子と話すのが物凄く緊張しました。正直言うと、20代前半くらいまで女性と話す度に緊張してました。今はこんなに楽しいのに。撮影現場に若い女性がいようものなら、オジサンその日1日、夢心地で過ごせるのに。いま不穏当な発言がありましたが、妻がこの文を読まないことを祈りながら書き進めますと、ホントに若い頃は、女性と話すの苦手だったんです。そして、その頃は「緊張するのはカッコ悪い」と思ってた気がします。

ただですね。舞台とかで「全然緊張してない日はヤバイ」と言われたりもします。ある程度気が張ってないと、何か失敗をする可能性が高くなるということだと思います。

　そもそも、緊張する場面があるということは、それだけで恵まれてるという気もします。うまくやらなければいけない「勝負」の機会があるというのは、幸せなことなのではないかとも思うのです。

　いま俺は、成功と失敗の狭間で勝負を挑んでるんだ、立ち向かってるんだ、さあ見よ、緊張している俺を存分に見よ、そんな風に思えたら、緊張とも多少はうまく付き合えるかなと思ったりします。緊張は幸せ、緊張はカッコいい。まあ、言うは易しかもしれませんが。

　そんな感じで、日頃から「俺、人前に立つような人間じゃないのになあ」と思ってる僕は、相変わらず、人前でウジウジ緊張しながら、役者稼業に邁進したいと思っています。

2018/10/14

役者の仕事はアレが８割

今、撮影の待ち時間である。かなりの待ち時間である。つまり、暇である。かなりの暇である。暇、暇、暇、なおかつ暇である。ヒーマーである。ゲーマーみたいである。言うほど、みたいでもない。かように低クオリティーな文を書いてしまう（いつもだろって言うな）ほどに暇である。撮影まであと3時間は待つだろうと予想される。

かつて香川照之さんは「俺、中空き（撮影して、次の撮影までに待ち時間が生じること）が大好きなんだよね」と言っていたが、そして大好きと言っても昆虫よりは好きでないと思われるが、僕は待ち時間はあまり好きくない。「好きくない」って言い方、いつから生まれたんだろね。ほうら。どんどん話が逸れるぜ。だって暇だから。エグいほど暇だから。暇で暇でもはや俺は疲れている。暇で疲れるってよっぽどだ。しかも今、控室で俺1人だから、放屁しても誰も何も言ってくれない。誰も何も言ってくれない放屁なんて、もう、なんというか、ただのオナラだ。いや誰か何か言ってもオナラはオナラな訳だが、どうせオナラするなら誰かの役に立ちたい。誰かの希望になるオナラでありたい。本格的に何を書いてるのか分からない。だって暇だから。ヒーマーだから。ゲーマーみたい。あ、さっき書いたなコレ。あ〜暇だ。

「役者は待つのも仕事」とは先人の言葉だが、本当にそう思う。僕の過去の記録は、静岡でのロケで「13時間待ち」。いや〜待った。待って待って、そして待った。待ってることを忘れるほどに待った。しかもこの時は13時間待った挙げ句、雨で結局撮影できないという、悲しすぎて逆に笑うくらいのオチがついた。この時は全人類の不幸を一身に背負ったかのような気持ちになったものだ。

今、この改行をする前にトイレで小便をしてきたが、衣装のズボンに、少しオシッコを引っ掛けてしまった。ごめんよ、衣装さん。でも衣装さん、安心して。撮影までにはきっと乾くから。だって撮影まで、まだ3時間もあるから。

オナラやオシッコが頻出する最低な展開になってきた訳だが、読者諸兄、ここはちょっと待って欲しい。俺もさんざん待ってるんだから、皆さんも待って欲しい。実は、「暇はそう悪いものでもない」と俺は思っている。前述の流れからして情緒不安定を疑われそうだが、そして若干の情緒不安定は否めないが、暇は「その人に与えられた自由時間」だとすると、まさに暇の使い方や過ごし方は、「その人次第」ということになる。

待てと言ったわりには大したことを書いてないが、ただ実際、ドラマや映画の待ち時間に、書き物や考え事が案外はかどることはよくある。香川さんもそういう意味で「中空きが好き。昆虫の次に好き」と言ったんだと思う。ごめんなさい「昆虫の次に好き」は嘘。それはさておき現に今、こうやってコラム（この文をコラムと言えるかはさておき）を書いていて、待ち時間をそれなりに有効に使えている。

今までの僕の役者としての仕事時間全体を10とすると、多分そのうち8くらいは待ち時間ではないだろうか。ヘタをすると9かも。僕に限らず、多くの俳優さんはそれくらいの感じだと思う。今は控室に１人だが、他の役者さんがいる時は、世間話やら真面目な話、様々な話をする。男優、女優、子役、若い俳優、先輩俳優、色んな人と色んな話をする。そこで予想もしなかった刺激を受けられることもある。待ち時間、暇をどう過ごすかはかなり大事なことなんだと思う。３時間待って撮影が10分で終わっても、３時間の待ち時間に実りがあれば、その日は、良き日となる。

いま控室に若いスタッフが、「お待たせしてすみません」と言いに来た。「大丈夫だよ、コラム書いてるから」「コラムやってるんですね」「うん。隔週でね」「え？　隠し部屋？」

……うむ。今日は良き日だ。

2018/10/28

息子に、ただ、願う。

「6歳の息子さんに、将来どんな大人になって欲しいですか」。これ、取材などでよく聞かれる質問です。それに対し僕は、「気持ちのやさしい人」とか「心がちゃんときれいな人」とか、うーむ抽象的だなあと思いつつも、いつもそんな感じで答えています。

でもぶっちゃけ、だらだら長くなってもいいなら、たくさんあるんですよね。「自分のやりたいことをやれる人」「自分のやりたいことでなくてもそれを笑顔でやれる人」「人に迷惑を掛けない人」「立っていられないような逆境にあっても歯を食いしばって前を向ける人」「別に変わってなくていいから普通の生活を笑って送れる人」、「変わってたとしても人と違うことを気にせず毎日を楽しく送れる人」……etc, etc. まあ、その当人は今、チョコを口の周りにべっとり付けて一心不乱にアイスを食べてますが。

以前、僕はツイッターに「一流大学？　勿論入れた方がいい。一流企業？　勿論入れた方がいい。ただ息子よ。父いま酔ってる。酔ってるが言いたい。人の不幸をちゃんと悲しむ。人の幸せをちゃんと喜ぶ。そっちの方が、遥かに、遥かに尊い。酔ってる父は、わりとそれを断言したい」と呟きました。自分でもビックリするくらいの反響があり戸惑いましたが、同時に反省もしています。実際にリプで何人かの方からご指摘を受けたように、一流大学や一流企業に入ることと比べる必要はなかったと思うからです。無論、一流大学や一流企業に入るために、一生懸命努力することは尊いことですし、僕も息子には綺麗事だけでなく、競争に勝つ（負けることは当然あったとしても）、勝つための努力ができる人、強さを持つ人になって欲しいという気持ちもあります。

僕は20年前、小劇場の舞台に立っていました。僕が28歳から30歳までの間、「自転車キンクリート」という団体に所属していました。３年間という短い期間でしたが、その団体で一番下っ端だった僕は、そこで多くのことを学びました。

その団体に久松信美（ひさまつのぶよし）という先輩の男優がいました。もちろん現在も映像や舞台で活躍する久松さんは、当時、僕にとって雲の上のような存在でした。自転車キンクリートに所属していた頃も、ずいぶん久松さんにはかわいがって頂き、大変お世話にもなりました。

その後、僕は31歳の時に映像主体の事務所に移り、大変ありがたいことに、僕が本来やりたかったドラマや映画に出ることが多くなりました。

僕が35歳の時、偶然久松さんと電車で会いました。当時久松さんは42歳。「お〜じろ〜」、昔と変わらぬ人懐っこい笑顔で久松さんは接してくれました。電車の中で久松さんと昔話に花を咲かせていると、大学生くらいの男の子が近付いてきました。「佐藤二朗さんですよね？」。彼は僕に握手を求めてきました。握手して彼が去ったあと、少し躊躇しながら久松さんの顔を見ました。その時の久松さんの顔は恐らく一生忘れません。「二朗〜、お前、売れやがって、この野郎！」。久松さんは本当に、本当に、本当に嬉しそうな顔でそう言ったのです。

僕が久松さんなら、絶対にあんな顔で笑えないと思いました。ケツの穴が小さい僕は、後輩のその姿を見たら、「悔しい」とか「嫉妬」の感情で、心が満たされると思います。少なくとも、あの時の久松さんのような、あんな顔は僕には絶対にできない。本当に、そう思います。

先に書いたツイッターの内容は、実はこの時の久松さんのことを思って書きました。「人の不幸をちゃんと悲しむ。人の幸せをちゃんと喜ぶ」。息子にこうなって欲しいという大人の姿は、そのまま、僕自身が憧れる大人の姿なのかもしれません。

2018/11/11

有頂天晩酌の〝ニューフェイス〟

晩酌が好きなんです。ええ。もうそりゃ大好きなんです。1日の最大のイベントといいますか、もう夕方くらいになると、ヘタをすると昼くらいから、「今夜の晩酌の肴はなんだろな」と気になり、ソワソワし、妻に「今夜の肴は何?」とメールし、「まだ昼だぞコラ」と怒られます。晩酌を軸に、その日の行動パターンや動線を画策し、いかに充実した晩酌タイムを送れるかを最優先に考え、1日を過ごします。こんなに晩酌に振り回されてる大人を僕は他に知りません。

基本、妻が作ってくれる料理を肴に晩酌します。夜、仕事が終わり、自宅に帰る道すがらなんて、もうほとんど有頂天です。刻一刻と近づく至高の晩酌タイムに想いを馳せ、50手前のオッサンの顔は、やや紅潮してるんじゃないでしょうか。気持ち悪いですね。でもホント、そんな感じ。

さて、晩酌の肴は、実は妻の手料理だけではありません。晩酌をしながら、「何を観るのか」も、高クオリティーの晩酌ライフを過ごすために重要なファクターになってきます。僕の晩酌タイムに煌めきと彩りを添えてくれるのは2つ。テレビ番組の『朝まで生テレビ！』（テレビ朝日系列）と、漫画の『課長 島耕作』です。

まず、『朝まで生テレビ！』。はい、ご存知、「朝生」です。録画しておいた朝生の中から選りすぐりのいくつかの回を何度も観ます。これがねぇ、ホント、晩酌に合うわ合うわ。合う理由はねぇ、ごめんなさい、よく分かりません。とにかく、お酒や肴の旨さを、更に更に際立たせてくれるんです。

朝生は言わずと知れた、田原総一朗さん司会の長寿「討論番組」です。そして僕は討論というものがまるで出来ません。すぐテンパるし、頭の回転は遅いし、人の言ったことを理解するのも時間掛かるし、自分の考えを的確に瞬時に言葉にするのも苦手です。だから、とにかく「憧れ」といいますか、ひたすら「凄いなあ、凄いなあ」という気持ちで観ています。「自分にも、もしかしたら出来るかも」という番組を観るのも興味が湧き、楽しいと思うんですが、「天地がひっくり返っても自分には絶対に出来ないこと」を観るのも楽しいんですよね。朝生は僕にとって、完全に後者です。そして、晩酌のホロ酔いを更に心地よくしてくれるんです。

２つ目は、漫画の『課長 島耕作』。こちらもご存知、弘兼憲史さんの長寿漫画です。最近では、『会長 島耕作』とか『学生 島耕作』などもあり、もはやこうなったら『保育園児 島耕作』とか『後期高齢者 島耕作』とかも作って欲しいくらいですが、僕が晩酌の肴にしてるのは元祖である『課長 島耕作』。主人公がサラリーマンということで、新橋のガード下的な赤提灯、小料理屋、バーやスナック、接待をする時などは料亭も出てきます。中沢喜一（なかざわきいち）が島に説得され社長になる決意をするシーン（僕は漫画史に残る名シーンだと思っています）は新宿のゴールデン街。こういったシーンを読みながら晩酌をすると、もうジャストフィット。もしかしたら、僕の晩酌のために描かれた漫画ではないかという壮大な勘違いをしてしまうほど、晩酌によく合います。

とまあ、色々書きましたが、朝生にしろ、島耕作にしろ、晩酌の肴の大前提は、僕が「好きなもの」ということだと思います。当たり前といえば当たり前ですが。そして、好きは好きでも「大好き」レベル。ホント、この2作品には足を向けて寝ることができません。

あ、でも最近は、晩酌の肴に3つ目ができました。それは、小学生に上がったばかりの「息子の話を聞くこと」。なんだよ、最後よさげにまとめたけど、結局呑んだくれの話じゃねぇかと思った、そこのアナタ。反論は……ない。だから討論できないんだってば僕。

2018/11/25

できるかも、家具役。

中学生の頃だったか。新しく赴任した先生が、教室に入ってきて僕の顔を見るなり、「お〜！　三越！　三越じゃないか！　お前もこの学校に転校してきたのか！　三越！」と嬉しそうに叫んだことがある。無論、僕は転校してないし、それ以前に、僕は三越ではない。断じて三越ではない。多少は三越なのかな俺。いやいや。多少はってなんだ。誰なんだ三越。程なくして僕が三越に似てはいるが、決して三越本人ではないと気づいた（当たり前だ）先生は気まずそうに授業を始めた。こうして、その先生以外、つまり教室にいる生徒全員、誰も三越の正体が分からぬまま、ただ、「どうやら二朗くんに似ているらしい」三越くんに全員が想いを馳せ、世にいう「三越事件」は事なきを得た。いや事なきを得てはいない。めっちゃ恥ずかしかったから僕。だって生徒みんな、肩、揺れてたから。

実はこの三越くんの件に限らず、僕は昔も今も、やたらに「○○に似ている」と言われる。エゴサ（エゴサーチね。自分の名前をネットで検索することね。僕は自分の出演作品の情報解禁を知るためにしてるね）をすると、毎日のように全国至るところ各地に佐藤二朗が出現してるのが分かる。もちろん僕が毎日全国各地を飛び回ることはできないので、「僕に似た人」だ。「うちの高校で日本史教えてるよ佐藤二朗」。いや教えてないよ。日本史教えたことないよ僕。「レンタルビデオ店の店員が佐藤二朗」。僕、バイトはたくさんしたけど、レンタルビデオ店で働いたことないよ。「行司が佐藤二朗」。僕、はたき込みと突き落としの区別がつかないよ。「私の会社のイヤな上司が佐藤二朗」。知らんがな。「電車の前に座った女子高生が佐藤二朗」。できたら彼女には強く生きてと伝えてください。「うちの3歳の娘が佐藤二朗」。ごめんなさい。もう本当にごめんなさい。「顔がパンパンに腫れて佐藤二朗」。うん。腫れ、早く引くといいね。

　昔、松尾スズキさんからは「佐藤くんはアレだね、家具の役が合いそうだね」と言われた。どう合うかは、いまだに不明だ。そもそも家具の役ってなんだ。そう思うのと同時に、「俺、できるかも、家具役」とも思う。家具役を演じ切る勝算はある。嘘。あるかいな、そんなもん。

　妻は更に辛辣だ。かつて、真顔で「君、弁当箱に似てるね」と言われた。確かこの時は「そうかな」と力なく返したはずだ。むしろ「そうかな」以外に返す言葉がなかった。もっとひどいのは、「君、田んぼの畦道に似てるね」と言われたこともある。この時も「そうかな」と力なく返したはずだ。いや、この時の記憶は曖昧だ。多分、ショックのあまり自衛本能でこの時の記憶を抹消しようとしたのだろう。究極は、「君、便器に似てるね」。この時は、笑ったと思う。ただただ、笑ったと思う。泣きながら笑ったと思う。

まあ妻は、すべてギャグで言ったのだろう。ギャグでなければ、便器と婚姻関係を結んだ妻が不憫(ふびん)でならないが、とにかく、かように僕は色んな人（人以外も含む）に似ていると言われる。一時期、そんな「どこにでもいる顔」というのは、役者としてどうなんだろう、と思い悩んだこともある。まあ畦道や便器に似た顔がどこにでもいるとは思えないが、とにかく今は、「どこにでもいる顔」だからこそ、「どんな役にもなれる」と開き直るようにしている。開き直らなければやっていけない。

とにかくアレだな、日本のどこかにいるであろう、三越くん。お互い、頑張って生きていこうな。

2018/12/09

●

実は僕、国際派

この原稿を書いている現在、僕は野暮用でタイにおります。とはいえタイに野暮用で行くほど僕のフットワークは軽くないので、要するに、とある映画の撮影で来ております。実は僕、今から30年ほど前、色んな国に行った経験があるのです。オーストラリア、インドネシア、パラオ、ヤップ、解体直前のユーゴスラビア……。そうなんです。僕、こう見えて、バリバリの国際人、国際派なんです。

ごめんなさいすぐバレる嘘をつきました。正直言いますと僕、外国の人、苦手です。だって緊張するから。すっごい緊張するから。関西の人と話す時も「なんか面白いこと言わないと怒られそう」と軽い緊張感が伴いますが、外国人と接する時の緊張感はその比じゃありません。「は？　なに言ってるか分かんない。何、この彫りが浅いにも程がある、壁のような顔をした日本人は？」と思われそうで、とにかく緊張するのです。

ぶっちゃけ、言葉が通じないってそれだけで、とてつもなく高い壁だと思うんです。自宅では「オーマイガーッ」とか「ジーザス！」とか、主に洋画で学んだ英語を、妻が辟易(へきえき)するくらい多用するのに、横浜のホテルのエレベーターで白人男性２人が乗ってきたら、ずっと俯(うつむ)いたまま押し黙った僕を、妻は今でも笑いの種にします。

かようにメンタルも肉体もなかなか海を越えない「ＴＨＥ日本人」である僕が、なぜ30

年前に幾つかの国に行った経験があるかというと、今までコレ、殆ど言ってないことなんですが、僕、大学生の時に、『地球キャッチミー』という朝日放送が作っていたテレビ番組、海外に行く旅番組に出ていたのです。

当時、長野県で大学生だった僕は、役者になるためにどうしたらいいか全く分からず、とりあえず東京の小さな事務所に名前だけ登録していました。その事務所から、ある日「受けに行け」と言われて、よく分からぬまま受けに行ったのが、この番組のオーディションでした。

日本人5人の「綱引き隊」（有名なタレントさんが隊長になり、あとの4人は若手の落語家さんだったり、若手の芸人さんだったり、僕のような学生だったり）が世界各国を旅して現地の人と寝食を共にし、最後に友情の証として綱引きをする、そんな企画の旅番組でした。

この番組のオーディションに僕が受かった理由は「足の大きさが31センチもあり、なんか面白そうだから」。そんな理由でテレビに出ていいのかという気もしますが、とにもかくにも、僕は「綱引き隊」の一員として、世界各国を巡ることになりました。

当時20歳の僕は隊員の中でもダントツの年下でした。加えて他の隊員さんは落語家として芸人として、なんとか爪痕を残そうという思いでこの番組に参加しているのに、僕は大学生という中途半端な立場で、しかも「本当は役者をやりたいのになあ」という、いま思うと、この番組に対してとても失礼な気持ちもあったように記憶しています。当然、皆さんからたくさん可愛がられもしましたが、たくさん怒られもしました。だから正直この時は、せっかく色んな国の人と接するチャンスだったのに、「現地の人とコミュニケーションを取ろう」というより、「隊員の皆さんの足を引っ張らないようにしよう」ということばかりを考えて番組に参加していたと思います。

あれから30年。現在、映画の撮影でタイにいる僕は、あの頃の自分をやり直すように、現地スタッフや現地キャストと積極的にコミュニケーションを取ろうとしています。無論、タイ語は殆ど分からないし、英語も片言。でもその分、たとえば同じ事柄で笑い合えたりできると凄く嬉しい。「世界は笑顔で繋がる」なんて、小っ恥ずかしい当たり前のことを本気で信じたくなったりしています。

30年前の経験を無駄にしないためにも、タイでの撮影が終わる頃には、苦手意識も緊張癖も吹き飛ばし、言葉が通じないごときの壁は、全身全霊の笑顔で、粉砕して粉々にしてやろうと燃えている僕は、ごめん、やっぱり、バリバリの国際派かも。

2018/12/23

私たちがプロポーズされないのには、101の理由があってだな

2014年11月発表

協力
女性チャンネル♪LaLa TV
アスミック・エース

#007

彼のあと、トイレの便座が下がっていないことでキレたことがある。

1　居間

部屋に飾られている白いガーベラの花。

川藤まどか（34）と神田博満（45）がいる。

テーブルの上に何点かの写真が置かれている。風景だったり人物だったり動物だったり。それなりに芸術性のある、それなりに本格的に撮られた作品たち。それを真剣な眼差しで凝視している博満。

隣にいるまどかは、そんな博満を微笑ましく、どこか楽しげに眺めている。

博満「……」
まどか「……」
博満「……いいね」
まどか「……いいっスか」
博満「いい。とてもね、いい。……人間の、業を感じる」
まどか「業っスか」
博満「業だね。これは、もう完全に、業だね。いやもちろんね、僕は写真に関しては素人の域を出ないんだけどね、まず最初に僕がこの写真で目を奪われたのは、この、緑だね」
まどか「緑っスか」
博満「緑だね。これは、もう完全に、緑だね。この緑の、なんだろうな、『深さ』あるいは『奥行き』というものにね、僕はある種、ある種、ある種のね、人間の業を感じざるを得ないよね。そんな気がしてならないよね」
まどか「やっぱ業っスか」

博　満　「やっぱ業だね。これは、もう完全に、やっぱ業だね。つまり被写体に敢えて、敢えて、敢えて人物を入れていないにもかかわらずね、そこから写し出される、あるいはなんだろうな、炙り出される、人間の業というものにね、僕はある種、ある種、ある種、怯えにも似た感情を禁じ得ない。そんな気がしてならない」

まどか　「(大仰に) ほぉ〜」

博　満　「つまりね、平和の象徴的な意味合いを持つ、緑というものにね、なんていうかな、ある種、ある種、ある種アウフヘーヴェン的な技巧でもってね、むしろ人間の業を浮き彫りにするというね、つまり自然の業、人間の業、つまりこれは業・業だよね。この業・業という手法を用いることによってね……(と延々と評論が続く)」

そんな博満をどこか楽しげに見ているまどか。

まどかM　「博満さんと一緒に住んで2年になる」

評論を続けている博満。

まどかM　「この人とはアタシが非常勤講師をしている大学で知り合った。この人は応用物理、アタシはコミュニケーション社会学。分野は違うけど、この人も大学講師だ」

評論を続けている博満。

まどか　「……(聞きながら部屋の一角に目をやる)」

そこには本格的なカメラ機材や、壁には額に入った写真たち。

まどかM　「大学講師の仕事とは別に、アタシが趣味で始めた写真を、よく分からない言葉で褒め続けるこの人は、学者肌にはありがちだけど、多少頭でっかちで、口先だけで、かなり理屈っぽい」

博　満　「……ここまでくると、これはもう完全に、業・業・業・業だよね……(延々と)」

まどかM　「そのくせ詰めは甘く、プライドだけ

博　満　は高いのに、気は小さい」
博　満　「……つまり、この高次元の才能はね、往年のアラッキーを彷彿とさせるよね」

思わず声に出して笑ってしまうまどか。

まどか　「（なぜ笑われたか分からず）ん？　どうした？　どうした？」
博　満　「（笑いを押し殺し）いえいえ、どうぞ。続けて」

また評論を続ける博満。

まどかM　「アラーキーのことをアラッキーと言ってしまう程、写真のことを何も分かっていないのに喋り続けるこの人は、口先だけで理屈っぽくて、少し、というか、かなり変わってて、常識がなく、わりとどうしようもない。そんなこの人と一緒にいると」

喋り続ける博満。

まどかM　「……まあまあ飽きない」

評論を続ける博満。

まどかM　「まあまあ飽きないし、まあまあ面白いから、アタシはこの人との生活を、まあまあ大切に思っている」

博満を楽しげに眺めているまどか。
……と、そのまどかの顔が、ふっと真顔になる。

まどかM　「……が、しかし」

喋り続ける博満。

まどかM　「この人が必死になってアタシの写真を褒め、アタシの機嫌を取ろうとするのには、深い訳がある」

（超高速の巻き戻し？）

2　居間〜廊下

部屋に飾られている白いガーベラの花。
テーブルに出来立てのラーメンを二つ置くまどか。
テロップ『3時間前』

まどか　「……よし。（廊下に向かい）できたよ〜」

「はい今行きま～す」という博満の声が廊下の奥から聞こえる。
まどかはエプロンを外し、廊下にあるトイレのドアを開ける。
……と、まどかの手がピタッと止まる。

まどか「……」
と、そこに来る博満。

博満「はいはいはい……（と、立ち尽くすまどかに気付き）ん？　どうした？」
まどか「……なんで？」
博満「……なに？」
まどか「なんで？」
博満「え？　なんで？」
まどか「なんで？」
博満「なんで？　なにが？」
まどか「なにが？　じゃない。なんで？」
博満「なんで？　って、なにが？　うわっ、すごい、『な』の応酬。え？　どうした？」
まどか「トイレ……便座」
博満「え？　便座？」
まどか「なんで自分が使ったあと、下げないの？　便座」
博満「（咄嗟に分からず）……あ、これね、便座ね、はいはいはい、ごめんごめんごめん」
と、軽い調子でトイレに入り、便座を下げ、何事もなかったようにダイニングに行ってしまう博満。

まどか「……（冷ややかに見送り）」

3　居間

テーブルに置かれたラーメン二つ。座る博満。遅れてまどか。

博満「さ、さ、頂きましょう頂きましょう。うわ、美味しそう。具だくさん（と箸持ち）まどかさん、胡椒」
まどか「（怒っていて）……」
博満「あ、まどかさん、胡椒」
まどか「……自分で取ってくれば」

博満　「……」

　仕方なく台所に行く博満。
　が、胡椒がどこにあるか分からない。

博満　「……あれ？……あれ？　まどかさん、胡椒、どこだっけ？」

まどか　「そりゃ便座を下げない人は、胡椒がどこにあるかも分からないよねぇ」

博満　「（やれやれと苦笑しつつ）……ちょっとまどかさん、ホント教えて、胡椒」

まどか　「（自分は食べ始め）いいんじゃないですかぁ、胡椒なしで食べれば」

博満　「……ははは（と苦笑いしつつ仕方なくテーブルに戻り箸を持つ。が）うーん、ちょっと待って。どうも合点がいかない。僕がここでね、ラーメンに胡椒を入れるのを諦めざるをえない、そのロジックが分からない」

まどか　「ロジックなんて語る資格あるんスかねぇ、便座下げない人に」

博満　「うん、ちょっと便座、一旦こっちに置いとこ。便座問題は一旦この辺りに置いとこ」

まどか　「（食べながら）置けないねぇ」

博満　「じゃあ、もうちょっとこっちでいいから。君の、なんだろう、膝頭辺りに置けばいいから。君のお膝元に便座を置きなさい。ただテーブルの上には上げないで！　この、伸び始めているであろうラーメンが鎮座する、テーブルの上には便座を置かないでっ」

まどか　「（食べながら）あ～美味しい」

博満　「ねぇねぇ、君が胡椒のありかを知っているにも関わらず、ひた隠しに隠す、その裏にある心の闇って何？」

まどか　「（食べながら）何回言ったかなあ。50回は言ったよなあ。『自分が使ったあとは便座下げて』って」

博満　「オッケーオッケー、これはもう、便座を俎上に上げざるを得ないね。そんな気がしてならないね。ひとつ確認事項。便座をね、便座を下げないことはね、君にとって、何？　どれほどの、罪？」

まどか　「(無視して食べていて)」

博満　「それっていうのはさ、ラーメンに於ける非常にメジャーかつ主要な香辛料である胡椒をね、同居人からなんだろう、奪い、阻み、隠し続けるほどの大罪？」

まどか　「(無視して食べ続け)」

博満　「その罪っていうのはさ、なに？　何罪？　公序良俗の罪？　あるいはなんだろう、治安撹乱の罪？　そんなはずはないよね、治安を撹乱されてるのは僕の方だから」

まどか　「(無視して食べ続け)」

博満　「その便座の罪、ここではとりあえず便座罪と名付けよっか。ね。とりあえず便座罪と名付けよっか。その便座罪のさ、贖罪の方法って何？　便座罪のね、ちょっと言いづらいこのベンザザイのね、重い十字架を下ろす術って何？」

まどか　「(バン！　と箸を置き) 下げればいいんでしょ！　便座を！」

と、またラーメンを食べ始めるまどか。

博満　「あのね、ちょっと落ちちいてほしい。いま『落ち着いて』が『落ちちいて』となってしまったことが悔やまれるけどね、とにかく落ち着いてほしい」

まどか　「あ～美味しい」

博満　「(悔しい) あのね、洋式トイレに於いて、確かに女性は便座を下げます。しかし男性は便座を上げます。〝上げ〟でいきます。大の場合は〝下げ〟でいきますが、小の場合は〝上げ〟でいきます。なぜか。ね、なぜか。便座カバーに飛沫が飛ぶという大惨事を回避するためでしょうよ！　違うの？　ねえ！　そうでしょ！(※字面では伝わらないかもですが演じる僕にお任せを)」

まどか　「(静かに)……〝上げ〟だと」

博満　「？」

まどか　「〝上げ〟だと……女は大惨事なんだよ！　ケツが便器にハマッちゃうんだよ！」

博満　「落ちちいて。ね、こういうことです。ね、落ちちいてパート2。ね、こういうことです。僕も、小の場合は自分の手で〝上げ〟にします。だからアナタも！　貴殿も！　ご自分の手で！　美味しそうにラーメンをするその手で〝下げ〟にすればいいじゃないか！……その労力は平等じゃないか！……男女雇用は均等じゃないか！　ってこういう話だよね（※お任せを）」

まどか　「……そのアナタ様のご認識には、あきれ果てるのみでございます」

博満　「……凄まじい、なんだろう、凄まじい敬語ラッシュ。あるいは敬語シャワー。そしてこれだけ便便便便言ってるそばで悠然とラーメンを食べ続ける君に、ある種畏敬の念を感じる。そんな気がしてならない」

まどか　「ま、確かなことは、君のラーメンは伸び伸びってことだね」

博満　「……（ラーメンを見る）」

　伸び切ったラーメン（※画にしなくていいかも）。

まどか　「あ〜美味しかった！　ご馳走様！」

博満　「……」

まどかM　「……この悩ましい便座事件は、戦いの序章に過ぎなかった」

　サブタイトル『彼のあと、トイレの便座が下がっていないことでキレたことがある。』

　部屋に飾られている白いガーベラの花。

了

#008
どうでもいいことでも、勝つまで口論してしまう。

1 居間

部屋に飾られている白いガーベラの花。
博満が、まどかの撮った写真を褒め続けている。
微笑ましく見ているまどか。
……と、まどかの顔が真顔になる。

まどかM「……この人が必死になってアタシの写真を褒め、アタシの機嫌を取ろうとするのには、深い訳がある」
（超高速の巻き戻し？）

2 居間

雑誌を読んでいるまどか。
テロップ『2時間前』

まどか「（雑誌を見ながら）ねぇ、キラキラネームって知ってる？」
博満は台所で洗い物をしている。
博　満「（洗い物をしながら）聞いたことある。なんだっけ？」
まどか「最近の子供に付けられる名前でね、思いもよらない当て字が使われてたり、読み方が外国人みたいだったり、とにかく、なんか、キラキラした名前」
博　満「たとえば？」
まどか「（雑誌見て）え〜とね（※以下、『』の部分はテロップ）……『心』と『愛』で『ココア』とか、『宇宙』と書いて『コスモ』とか、『天使』と書いて『エンジェル』とか」
博　満「キラキラだね。それは、もう完全に、キラキラだね」
まどか「『七』と『音』で『ドレミ』」
博　満「ウマイね。キラキラな上に少しウマイね」

まどか　「『主人公』と書いて『ヒーロー』」

博満　「それはとてつもない重圧だね」

まどか　「『愛』と『保（ほ）』で『ラブホ』」

博満　「……嘘でしょ？」

まどか　「『本気』と書いて『マジ』」

博満　「え？　え？　名前だよね？　人の」

まどか　「平仮名の『いるか』と『姫』で『いるかひめ』」

博満　「それが比較的まっとうに思える不思議」

まどか　「『観（み）』と『留（る）』と『紅（べに）』で『ミルク』、『詩（し）』と『羅（ら）』と『純（じゅん）』で『しらす』」

博満　「ごめん、なんか、酔ってきた」

まどか　「『美』しい『海』の『姫』で『みみみ』」

博満　「ちょっともういい、酔うから黙って」

雑誌を下ろすまどか。

まどか　「……まあ、でもさ、子を思う親の気持ちはみんな一緒だろうからさ、世界でオンリーワンの名前にしたいっていう親の気持ちは、分からなくはないよねぇ」

博満　「（否定的に）いや〜そうかなぁ」

まどか　「（博満見て）……何よ」

博満　「たとえばね、女の子が将来ヨボヨボのお婆ちゃんになって、『ミルク』って名前だったら、やはりそこは違和感でしょう」

まどか　「そうかな〜、可愛いと思うけど。それにね、その頃はお婆ちゃんがそういう名前なのも、普通のことになってると思うよ」

博満　「（嘲笑）いやいやいやいや、普通にはなり得ないでしょう」

まどか　「（その嘲笑にカチンときて、舌打ち）……違うなァ」

博満　「（洗い物の手を止め）ん？　違う？　何が違う？」

まどか　「硬い。硬いし、古い」

博満　「ん？　何が硬い？　何が古い？」

まどか　「いるんだよね〜。キラキラネームをすぐに批判したがる安直な人」

博満　「ん？　安直ってどういうこと？　安

直ってどういうこと？　安直ってどういうこと？」

まどか　「アタシが言いたいのは、少し変わった名前だからって、オンリーワンにしたいっていう親の心を、安易に笑ってはいけないよってこと」

博満　「そのね、昨今言われつつある、『オンリーワン流行り』と言ったらいいのかな、あるいはなんだろうな、『オンリーワン至上主義』といったものにね、僕は警鐘を鳴らしたい。そんな気がしてならない。つまりね、『ナンバーワンではなくオンリーワン』という、その謳い文句の背景にね、あるいは背後にね、僕はね、国家の野望が見え隠れしてる気がしてならない。そんな気がしてならない」

まどか　「なんでキラキラネームが国家の野望の話になるのよ」

博満　「つまりね、ナンバーワンを目指すことなく、オンリーワンでよいというね、ある種ある種ある種、頑張らないブームへの便乗、あるいは遠くの美人より近くのブス、つまり身近な、手軽な、コンビニエンスな方向に国民のメンタルを誘導するかのようなこの手法、これはやはり『ゆとり教育よ再び』いうね、国家の野望を感じずにはいられない。そんな気がしてならない」

まどか　「話を飛躍させたら君、日本一だね。ねぇ国家の野望はいいんだけどさ、じゃあ君は、お婆ちゃんにはどんな名前が普通なの？」

博満　「(即答) 米子（よねこ）だね」

まどか　「……お爺ちゃんなら？」

博満　「(即答) 万作だね。これはもう、完全に万作だね」

まどか　「……あのね、そういう固定観念、学者としてちょっと問題だよ」

博満　「ワオ。ワオ。ディスイズ、ワオ。ここ近年で稀にみる爆弾発言が投下された模様。それはどういう意味？」

まどか　「君の専門は応用物理でしょ？　応用でしょ？　起こる事象に対して、固定観念や既成概念にとらわれず、柔軟に対処することって必要でしょ？　君の応用力にアタシは甚だ疑問を感じるねぇ」

博　満　「……なるほどなるほどなるほど。僕もね、まさか万作のせいでこんな深刻な事態になるとは思わなかったんだけどね、ひとつ確認事項。僕の専門分野である応用物理という学問にね、土足で足を踏み入れ、唾棄し、焼き尽くし、焦土と化すほど、僕は君に何をした？」

まどか　「(口笛を吹きながら雑誌を再び見だす)」

博　満　「お爺ちゃんの名前に万作と名付けた僕の行為はね、あなたにとって何？罪？　その罪は何罪？　ね、何罪？」

まどか　「(嘲笑) いや〜万作はないわ、万作は」

博　満　「了解了解。じゃあ、その万作の罪、ここではとりあえず万作罪と名付けよっか。ね、とりあえず万作罪って名付けよっか。その万作罪のね、贖罪の方法って何？　あるいは君がそこまで万作を嫌う、その心の闇って何？」

まどか　「好きだねぇ心の闇。とにかく、君は名前に対するイメージが、凝り固まってるって言ってるの」

博　満　「凝り固まってるってどういうこと？凝り固まってるってどういうこと？」

まどか　「そのままの意味です。あとさ、困ると同じ言葉、三回繰り返すクセ、いい加減やめた方がいいよ」

博　満　「ワオ。ワオ。アイアム、ワオ。いま君は、我が家で最も口にしてはいけないことを口にしました。僕が学生から陰でどんな渾名をつけられてるか、ご存知？」

まどか　「知ってるよ。『ハットトリックちゃん』でしょ」

博　満　「そう。ある種、キラキラネーム。では問う。君に問う。万作を忌み嫌う君

まどか　に問う。90歳のヨボヨボのお婆ちゃんが『エンジェル』という名前だったら、君は、どうする⁉」

博満　「どうもしないわよ。いいじゃない。

まどか　『エンジェル』、可愛いじゃない」

博満　「『エンジェルさ〜ん、オムツ替えますよ〜』……言えますか？　笑わずに言えますか？　果たして笑わずにオムツを替えられますか？」

まどか　「替えられるわよ」

博満　「エンジェル、つまり天使のオムツを替えるという行為に、何やら背徳の香りは漂いませんか？」

まどか　「漂わねえよ。いくらでもオムツ替えてやるよ。『エンジェル』でも『ドレミ』でも『ラブホ』でも」

博満　「嘘です！　ラブホという名前のお婆ちゃんは、おそらくオムツを必要としません！　ラブホという名前のお婆ちゃんは、160歳まで生きます！　生き抜きます！」

まどか　「結構じゃねえか、長生き」

博満　「女性はやはり！　幸子！　弘子！　順子！　子が付くべきです！」

まどか　「……出た」

博満　「何も出てないよー何も出てないよー何も出」

まどか　「(被って) 古臭いのよ‼」

博満　「ちょっと、三回目には被らないでー、三回目には被らないでー、貴重な三回目には被らないでー」

まどか　「……君ね、女性には『子供の子』が付くべきって、ある意味、男女差別だよ」

博満　「聞いて欲しい。僕の心の統計学では、子が付く女性の方が圧倒的に……性格がいい！」

まどか　「(呆れ) ……なんじゃそりゃ」

博満　「大島優子が大島優だったら、僕はファンにはなっていない！」

まどか　「知ってんのかよ、大島優子の性格！……ファンだったのかよ！」

博満「前田敦子が前田敦だったら、あそこまでの票は集まらなかった！」

まどか「男だろ。敦は男だろ」

博満「篠田麻里子が篠田麻里だったら」

まどか「離れろ。ＡＫＢ関連から一旦離れろ」

博満「いいから聞いて欲しい」

まどか「聞いてるよ」

博満「僕の説を聞いて欲しい。人はね、その名前により、顔、性格、果ては体格さえも決まってきます」

まどか「……それ、何を根拠に言うてはりますの？」

博満「つまり、『幸子(さちこ)』という名前なら、『(可愛く) 幸子』という顔になり、『(明るく) 幸子』という性格になり、『(元気に) 幸子』という体格になります。『エンジェル』という名前なら、『(暗く) エンジェル』という顔になり、『(怒り気味) エンジェル』という性格になり、『(嫌々) エンジェル』という体格になります」

まどか「ねぇ、どうした？　君、一体全体、どうした？」

博満「特に子供の子がつく女性は、健やかに、爽やかに、艶やかに育ちます」

まどか「とても学者の発言とは思えない」

博満「小嶋真子を見れば分かります」

まどか「誰だよ！」

博満「チームＫに所属する……」

まどか「戻るな。ＡＫＢ界隈に戻るな」

博満「子供の子、最強」

まどか「……あのさ、君、小学生の時、苛められっ子だったんだよね」

博満「……なになに？　なんの話？」

まどか「君が苛められてた時、いつも庇ってくれた先生は、なんて名前だっけ？」

博満「……質問の趣旨がよく分からない」

まどか「言ってみ」

博満「……菊池……成美(なるみ)」

まどか「院生の時、君の論文を最初に認めてくれた恩人、斉藤教授の奥さんは？」

博満「斉藤……加恋(かれん)」

まどか「君を産んだ母上は？」
博満「……なつき」
まどか「アタシは？」
博満「まどか」
まどか「……（黙って再び雑誌を読み始める）」
博満「……」

博満、台所に戻り、再び洗い物を始める。
と、博満、台所で何やら小瓶を発見し、

博満「（その小瓶を握り締め）今さら！今さら胡椒が！……」

まどか「（それは無視して雑誌を読む。とにかく口論に勝ったことが満足で）……」

サブタイトル『どうでもいいことでも、勝つまで口論してしまう。』
部屋に飾られた白いガーベラの花。

了

＃009

どこからどう見ても、私にかわいげがない。

1　居間

部屋に飾られている白いガーベラの花。
博満が、まどかの撮った写真を褒め続けている。
微笑ましく見ているまどか。
……と、まどかの顔が真顔になる。

まどかM「……この人が必死になってアタシの写真を褒め、アタシの機嫌を取ろうとするのには、深い訳がある」
（超高速の巻き戻し？）

2　まどかの部屋

便箋に何かを書いているまどか。
テロップ『1時間前』

まどか「……（集中して書いていて）」

博満が覗く。

博　満「ん？　何？　手紙？」

まどか「うん。ゼミの卒業生から就職報告の手紙が来たからさ、そのお返し」

博　満「いいね、今の時代、手紙、いい」

まどか「……よし書けた」

と、博満、

博　満「（手紙を見て）……おやや？」

まどか「なに？」

博　満「これは、おかしいね」

まどか「なにが？」

博　満「この（指差し）『敬具』ってのは、『拝啓』で始まる場合の、結びの言葉だよね」

まどか「え？」

博　満「（指差し）『前略』で始まる場合は『草々』とか『不一（ふいつ）』で終わらなきゃ」

博満が指差した先、手紙は『前略』で始まってるが、『敬具』で終わっている。

まどか「（ちょっと恥ずかしい）……そうだっけ？」

博　満「そうだす」

まどか「うわ〜、まさかの書き直し？」

博　満「まあ、君が恥ずかしくなきゃ別にいいんじゃない？」

まどか「恥ずかしいわよ、教え子に書く手紙なんだから」

博　満「……じゃあ、ついでにもう一個いい？」

まどか「え」

博　満「（呆れ笑い）敬称がさ〜、封筒の宛名は『様』なのに、便箋では『殿』になってる〜、これおかしい〜、統一なさいな〜（と呆れ笑い）」

まどか「（は、笑えず）……」

博　満「今度はまず下書きをしなさいな。僕が添削してあげるから」

まどか「（ボソッと）……何様？」

博　満「ま、こういうとこ君のカワイイとこ

まどか　だけどね」

まどか　「！」

と、突然、持っていた筆ペンを机に叩きつけるまどか。

博満　「(！)びっくり……え？　どした？」

まどか　「君さあ、『恵方巻』知らなかったよね〜」

博満　「ん？　ん？　いま話どちらに？」

まどか　「去年の節分。『恵方巻買ってきて』ってアタシが言ったら『え？　何それ？』って」

博満　「(まだ余裕)あったねぇ、そんなこと」

まどか　「40過ぎて恵方巻知らない人が、この地球上にいるんだあってアタシ驚愕だったもん〜」

博満　「いや、地球上にはいるんじゃないかな。ドミニカの人は知らないんじゃないかな恵方巻」

まどか　「あ！　鶏飯も知らなかったよね」

博満　「ん？　けーはん？　京都大阪間？」

まどか　「鶏の飯と書いてけーはん！　奄美大島の伝統料理。常識。あ！　鳥と言えば鳥頭も知らなかったよね」

博満　「うん、まあ、すべて食に関する知識だよね？　僕はどうも食い意地が張ってないというかなあ、食というものはなんだろう、僕にとって、ライフプライオリティのかなり下位に位置するんだろうね。そんな気がしてならないね」

まどか　「(鬼の首獲ったように)は、は、恥ずかしい〜〜」

博満　「……ん？　どうなすった？」

まどか　「鳥頭は食べ物じゃないです〜。『鳥は三歩歩いたら忘れる』という諺からきた、言われたことをすぐ忘れちゃう人のことを言うのです〜」

博満　「うん、なるほどなるほど。ひとつ確認事項。あなたがここまでね、僕の恥部を開陳し、晒し者にする、その心の闇って何？」

まどか　「もういいよ、心の闇は」

博満　「いったい僕が何をした？　近々で思

い当たるのはね、一昨日の夕食時、僕が図らずも放屁をしてしまったことだよね」

まどか「したねぇ、デカいの二発」

博満「うん、そのデカい放屁はね、つまり大放屁はね、あなたにとって何？　どれほどの罪？」

まどか「（呆れて）」

博満「その罪っていうのはさ、なに？　何罪？　爆音を轟かせた騒乱罪？　あるいは異臭を放った威力業務妨害？」

まどか「（呆れて）」

博満「その放屁の罪、ここではとりあえずオナラ罪って名付け（よっか）」

まどか「（遮って）名付けなくていいです。放屁、関係なし。アタシはただ、専門分野だけに偏った、君の、常識に対する無知に関して、指摘しているのです」

博満「……常識ねえ」

まどか「なによ」

博満「（まどかを真っ直ぐ見て）……漢字」

まどか「！（心当たりがある）」

博満「いや〜驚いたよね、去年の夏だったよね、『今日はスイカでもたべて、あつぎ払いでもしよっか』と言われた時は」

まどか「暑気(しょき)払いよ！　暑気払い！　今はもう覚えました！」

博満「『しょき』を『あつぎ』と真顔で言う大人は、おそらく地球上で君一人だろうね。二人いたら滅びるね、地球は」

まどか「（死ぬほど悔しい）……今は、もう、覚えました」

博満「『あつぎ払いしよっか！』とわりと可愛く言われた瞬間、僕は震えたね。小刻みに震えたね。寒さと笑いで震えたね」

まどか「い、今は、もう、おぼぼました」

博満「はい。あまりの悔しさで『覚えました』もロクに言えずにいる君は、つい先日、こんなことも言いました。『疲れたからたまには、〝ゆじ〟行きたいね、

まどか　〝ゆじ〟』」

博満　「……（言葉も出ない）」

まどか　「『湯治』のことを『ゆじ』と真顔で言う大人に出会えたことを、僕は神に感謝したね。あるいは呪ったね」

博満　「……（唸り声）」

まどか　「さらに『塩梅』を『しおうめ』と言ったよね。『丁度いい〝しおうめ〟って何？』と言われた瞬間、僕は泣いたね。寒さと笑いで泣いたね」

博満　「（ボソッと）……殺す」

まどか　「『一人前』を『ひとりまえ』、『相殺』を『そうさつ』、この辺りまでは僕もまだ笑顔で対応できました。ただ！　ただ！」

博満　「やめろ！　これ以上はやめろ！」

まどか　「『弾丸ライナー』を『だんまるライナー』と読んだ時は、正直別れようかと思いました」

博満　「死んでやる！　今日、死んでやる！」

まどか　「ああ死になさい死になさい。あつぎ払いしたあと、ゆじして、頭にだんまるブチ込んで死になさい」

博満　「君なんか、君なんか……老眼じゃない！」

まどか　「ん？　ん？　いま話どちらにパート2」

博満　「本とか携帯画面とかこんな風に見ちゃってさあ」

まどか　「そりゃそうだね。老眼だからね」

博満　「部屋が少し暗かったりしたら、余計見えないでしょう！」

まどか　「うん老眼だからね」

博満　「シャーペンの芯も『あれ？　あれ？』とか言ってさ、まともに入れられないでしょう！　この……老眼！」

まどか　「うん老眼だよ。僕は老眼です。いや～まさか、そこにロックオンしてくるとは思わなかったよね。人の老化現象にスポットを当ててくるとは思わなかった」

博満　「（息荒く）」

まどか　「……ならば君にこの際言いましょう。

交際期間5年と3ヶ月、同棲期間2年と4ヶ月、まさか！　まさかこのことを君に言う日が来るとは思いもしなかった。初めて君に指摘致します。この指摘を君に捧げます。君は……訛(なま)っています！」

まどか　「(！) な、なま?」

博　満　「群馬弁です！　君はたまに群馬弁です！　群弁です！」

まどか　「嘘よ！　もう抜けてるはず！　東京の人と並ばっても違和感ないはず！」

博　満　「『並ばっても』ではない！『並んでも』！」

まどか　「だったら！　だったら、アタシも言う！　この指摘、君に捧げる！」

博　満　「捧げなさい！　この際、捧げなさい！」

まどか　「アタシ、君の顔、嫌い！」

博　満　「ワオ！　ディスイズ、ワオ！」

まどか　「君の顔、生理的に、少し無理！」

博　満　「ワオ！　アイアム、ワオ！」

3　元の居間

相変わらず写真を褒めている博満。

テロップ『現在』

まどか、博満を眺めながら、ため息をつく。

まどかM　「我ながらアタシはホント、可愛げがない」

評論している博満。

まどかM　「好きな人には、いや、好きな人だからこそ、下に見られたくない、隙を見せたくない。いつもそう思ってしまう。でも……」

褒め続けている博満。

まどかM　「好きな人に、肩肘張っても仕方ないんだよなあ」

博　満　「(写真指し) 特にここだよね、僕はここに魅了される。あるいはね (と褒め続け)」

まどかM　「アタシの機嫌を取るために、写真の知識なんて全くないのに一生懸命誉めてくれる、この人のちょっとおバカというか単純なとこ、少しはアタシも見習わなきゃ」

と、博満、

博満「……つまり、どの写真も」
まどか「(博満を見て)」
博満「……ダメだね」
まどか「(虚をつかれ)……え?」
博満「いや、もちろんね、もちろん僕の個人的趣味ではあるけれどね、結局どの写真もね」

と、今まで褒めてた作品を何枚か広げる博満。
覗き込むまどか。

博満「花が写ってるよね。ガーベラの花」
まどか「……(見て)」

どの写真にも、片隅に写っている白いガーベラの花。

まどか「……」
博満「しかし全部、片隅だよね」
まどか「……」
博満「いや、敢えて片隅に写すのも悪くはないよ、悪くはない。ただ、ある種ある種ある種の、なんていうかな」
まどか「……」
博満「『照れ』が垣間見えるよね」
まどか「……」
博満「それだけを見て、それだけを撮ればいいんじゃないかなあ。それが」
まどか「……」
博満「好きなものなら」
まどか「……」
博満「そんな気がしてならない」
まどか「……」
博満「(と、黙っているまどかに気付き言い過ぎたかと思い)あ、いや、しかしどれも往年のアラッキーを彷(彿)」
まどか「うん」
博満「?」
まどか「(笑顔で)ホント、そうだね」
博満「……」

何か吹っ切れたように、笑顔で部屋を出ていくまどか。
なんだかよく分からない博満。
部屋には、写真と同じ白いガーベラの花が揺れている。
……と、そのガーベラの花に、ドタドタと部屋に戻ってくる足音と声がかぶる。

まどか（声）「ちょっと！　だから……便座！」
博　満（声）「ワオ！　ディスイズ、ワオ！（と、ドタドタとトイレに走る足音）」
ガーベラの花、ガクっと少し頭が垂れ……。
サブタイトル『どこからどう見ても、私にかわいげがない。』

了

「まどか」を酒井若菜ちゃん、「博満」を僕が演じました。もう完全に僕は僕にアテ書きをしておりまして、「このホンに喰らいついていける私、偉い！」とは若菜ちゃん弁。本当にその通りだと思います。若菜、天才。

第2章

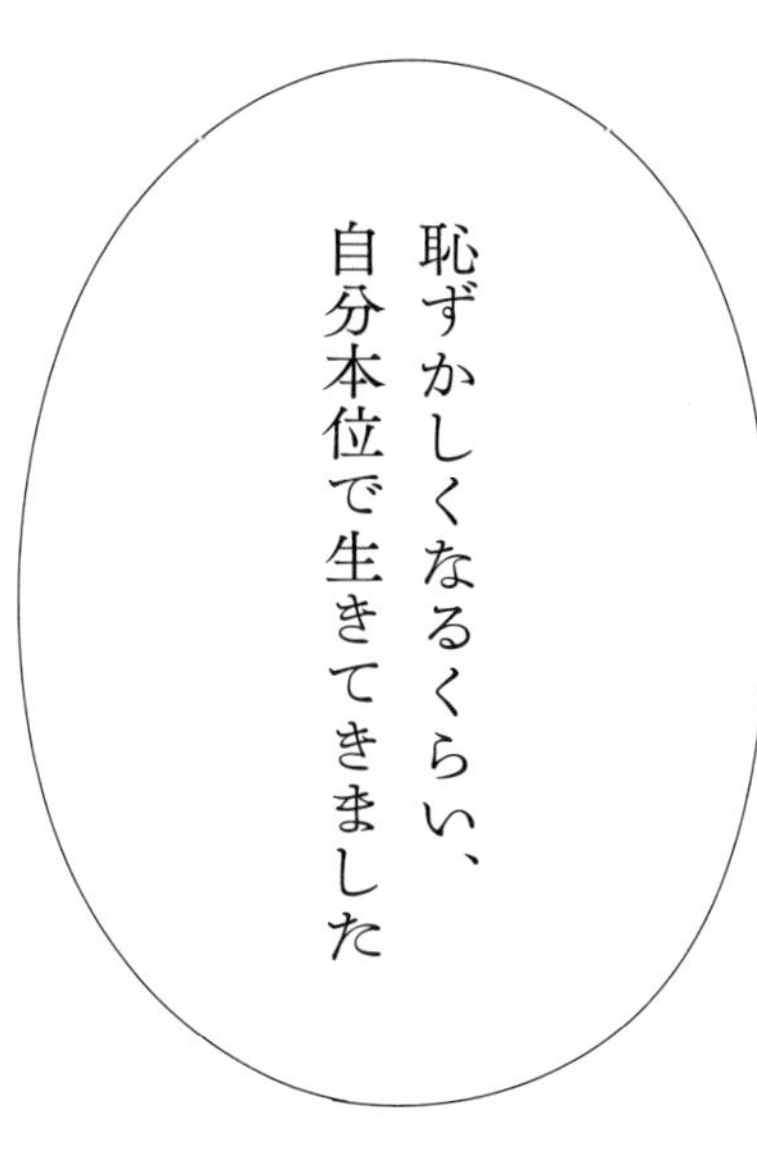

恥ずかしくなるくらい、自分本位で生きてきました

50歳までに変えたい20のこと

明けましたねえ、年。２０１９年になってしまいました。ホント年々、時が過ぎるのを早く感じるようになるんですよねえ。体感的に言うと、1年が2週間くらいで過ぎ去ってしまった感じ。んなアホなという気もしますが、子どもの頃の感覚と比較するとホントそんな感じです。で、これは食い止めなきゃと思い、そのためには、日々を一生懸命生きるしかないと思い、なるべくそうするよう努めてはいるんですが、やはりなかなか食い止められない。むしろ早さは加速する。ひょっとしたら僕、まだまだ日々を必死に、力余すことなく生きられてないのかもしれないです。まあ難しいことではありますが。

そんな僕、今年の5月で50歳になります。なんですか、50って。なにかの冗談ですか。なんでみんな、僕が50になるのを黙って見ていたのですか。指をくわえて見ていたのですか。止めなさいよ。誰か止めなさいよ僕が50になるの。だって精神年齢8歳の50歳なんて、なんていうか、もう、ドーンです。ズーンです。ボバーンです。ほうら、こんな50歳、イヤでしょう。ちょっ俺、ホント、どうしたらいいんだろう。

役者という浮き草稼業は精神年齢の低さが時に武器になりうる……なんてことを言ってられなくなりました。50です。半世紀です。いくらなんでも、もう少し、ちゃんとしなければいけません。30になった時や40になった時とは何か別物の、なんというか、3や4と違って5は四捨五入したら繰り上がっちゃうんだぞ的な、ちょっと待って、何も考えずに書き進めておりますが、「四捨五入」って言葉がいけないんじゃないでしょうか。なんで四捨なんですか。なんで五入なんですか。やめて。五入しないで。五捨にして。五捨六入にして。さあいよいよ何を書いてるか分からなくなってきましたが、四捨五入に責任を押しつけてる場合ではありません。とにかく、50歳は、今まで通じていた色々なことが通じなくなる気がするのです。

たとえば、約3日に1度、オシッコをズボンに引っ掛けるとか、撮影現場で「ちょっ、みんな静かにして！」とわざわざ周りを静かにさせてから放屁をするとか、7歳の息子と野球盤をやって、負けるとわりと本気でムクれるとか、そんな50歳は世の中に通じません。ま、50にならなくても通じないことばかりだとは思いますが、とにかく50という数字は僕に今までにないプレッシャーを掛けてきております。

なので、僕、今年はちょっと自分を変えようと思います。「ありのままで」という、少し前に流行った歌の歌詞は、それはそれで意味があり、救いになりうる希望の言葉ですが、3日に1度オシッコをズボンに引っ掛ける49歳がありのままでいいはずありません。僕、今年は少し、大人になろうと思います。

まず、ちょっとやそっとじゃ動じない。簡単にテンパらない。地図を読めるようにする。静電気を怖がらない。折り畳み傘を畳めるようにする。酔って色んな人に電話しない。放屁しない。してもいいけど静かにする。あと、鉛筆回ししない。これはいっか別に。あと、服を自分で選ぶ。NG出した時、奇声を発しない。撮影中に晩酌のことを気にしない。晩酌近づくとソワソワしない。セリフ忘れた時大きな声を出してごまかさない。焼き鳥を持ち帰らない。これもいっか別に。すぐ頭真っ白にならない。なんでもかんでも妻に頼らない。1日30分の運動を心掛ける。緑黄色野菜を食べる。豆は体にいい。そろそろ老眼鏡を買わないと。容赦なく進むよね老眼って。ごめんなさい何の話でしたっけコレ。

新年から担当K氏に怒られそうな文を書いておりますが、50歳、まだまだ自分を変えられる歳です。いや、いくつになっても人は変われるかもしれない。そして自分を変えることは冒険でもあります。２０１９年、佐藤二朗の冒険を、どうぞ生温く見守ってください。

2019/01/06

それでも犬に興味はないのです

知っている人は知っているけど、知らない人はまるで知らないという、当たり前のことではありますが、そんな映画があります。不肖わたくしが主演の映画で、一部（いや一部というのは無用な謙遜かな。ここは思い切って、三部）のコアな方々からありがたくも支持され、シリーズ4作品が製作された「マメシバ」シリーズなるものであります。タイトルを一作目から並べますと、『幼獣マメシバ』『マメシバ一郎 3D』『マメシバ一郎 フーテンの芝二郎』『幼獣マメシバ 望郷篇』。2作目、なぜに3D?というのはさておき、僕は「芝二郎（しばじろう）」という、口だけ達者な中年ニートの役を演じております。

で、今年（2019年）、『柴公園』という映画が6月に公開されますが、実はこの映画にも「芝二郎」登場します。他にも2011年に公開された『犬飼さんちの犬』という映画にもお邪魔しておりまして、右記4作品と合わせますと、『芝二郎』、6度目の登板と相成ります。

最初の『幼獣マメシバ』がちょうど10年前。今年で50歳になる僕がよもやまた、芝二郎を演じることになろうとは。10年前より当たり前のように白髪は増え、老眼になり、メタボは進化した、口だけ達者な中年ニートに成長はあるや否や。

で、先日、映画『柴公園』の取材で、久々に芝二郎を演じたことについて記者さんから色々聞かれました。困りました。記者さんはもっと困ったと思います。実は僕、犬の映画で主演した経験がある人間にあるまじき発言なんですが、犬が好きでも嫌いでもなく、興味がないのです。

これ、10年前から一貫（?）しておりまして、1作目の番宣でテレビ番組に出た時も、MCの今田耕司（いまだこうじ）さんから「でも、さすがに撮影を終えた今は、犬に興味が湧いてきたんじゃないですか?」と聞かれ、「……いや、特に変わんないス」と答え、「なんやの君!」と困らせてしまったことがあります。で、10年が経ち、先日取材を受けた時もやっぱり気持ちは変わらず、とはいえ犬の映画だからといって、思ってもいないのに「犬、大好きです!」と嘘はつけず……。記者の皆さま方、本当にごめんなさいでした。

ただ最近、こんなことがありまして。ガソリンスタンドで洗車をしてる間に、どう時間を潰そうかと辺りを見回すと、向かいにペットショップが。で、息子と2人で入ってみました。7歳になったばかりの息子がオドオドしながら子犬を抱いてる姿を見て、「息子の情操教育のために飼ってみるのもいいかも」と思ってしまい、帰宅後、妻に相談すると、「なんにも分かってないな、君は」という感じで説教をされました。「生き物を飼うということがどういうことか分かってるの？」。ノッケから叱られモードです。「雨の日も風の日も雪の日も、散歩に連れていけるの？　君は」。うーむ、いきなり自信がありません。「色々、自分の生活が制限されることもあるかもよ。その覚悟はあるの？」。

考えれば当然のことです。その命と共に生きるということは、やらなければいけないことができ、時にはもしかしたら自分を制限したり、犠牲にしたりすることがあるかもしれない。ホント、当たり前のことだと思います。浅はかな自分を反省しました。

ただ、こんな気持ちにも実はなっています。僕は正直に告白しますと、今まで恥ずかしくなるくらい、自分本位で生きてきました。もちろん、自分以外にはなかなか自分本位にはなりませんし、自分本位はある程度は必要なことだと思います。しかし、自分を制限し、犠牲にすることがあっても、それでも自分以外の命と共に生きることで、生活に色彩が増し、人生が豊かになると感じられる人が、生き物を「飼う」資格があるのだとしたら、僕もその資格を取得してみたい。自分本位を少し退け、他の命と苦楽を共にし、人生を豊かにする、その可能性みたいなものに、興味が出てきたのです。

こんな気持ちに初めてなったのは、子どもができたからか、50歳になるからか、自分本位に嫌気がさしたからか、分かりません。ただ、真剣に生き物と共に生きることで、もう少しマシな人間になれるかもしれない、そんな気持ちに最近なっています。まだ現状、犬を飼う資格も覚悟もない僕は、もうしばらく、自分本位を出し入れしながら、犬という命と共に生きる時期を模索していきたいと思っています。だからアレだね。次、取材で犬のことを聞かれたら、こう答えよう。「相棒になってくれるかもしれない存在」と。

2019/01/20

夜のファミレス

少し、ご無沙汰です。実は(2019年)2月、とある地方でずっと映画の撮影をしておりまして、当コラムの連載、お休みさせて頂きました。その間に担当K氏が僕の存在を忘れることに少し期待を寄せたんですが、しっかり締め切り日を仰せつかったので、今、この原稿を書いております。再び、よしなに。

さて、このコラムもそうなんですが、最近ちょっとモノを書く仕事が幾つかありまして、私、わりと頻繁にファミレスにおります。

僕の行っているファミレスは、24時間営業なんですが、僕も仕事の合間に行ったりするものですから、僕が行く時間もマチマチです。そうすると分かるのですが、時間帯によって客層、様々なんですね、ファミレスって。

あくまで僕が経験した範囲だけの印象なんですが、たとえば朝早くだと、ご高齢の男性が多い気がします。会社を引退されて隠居の身という感じ。1人、朝のコーヒーを啜(すす)りながら、朝刊を読み耽る。そんな静かな時間が店内を満たします。

これが昼くらいになると店内は一変します。小さなお子さんを連れたお母様方、ママ友の会合などなど、一気に店内も賑やかになります。

昼を過ぎ、夕方くらいになると、今度は背広を着た方々をよく目にします。外回りの骨休め的な方もいらっしゃるでしょうし、打ち合わせでファミレスを使ってる方々もいるようです。

夜になると、ご家族の姿をよく目にします。僕も現場で頑張った子役さんによく、「今夜はご褒美に華屋与兵衛（関東の首都圏を中心として店舗を展開している和食ファミリーレストラン）に連れてってもらいたいな」と言ったりするんですが、楽しそうにお食事するご家族の姿は微笑ましく映ります。

これが夜遅くなると、また店内の雰囲気も変わります。大学生くらいの若い方々が「どうする？　このあと。カラオケ行く？」みたいな感じ。みたいな感じというか、実際このフレーズ（？）を何度も耳にしました。お酒が入って、何やら深刻な話をしている中年男女もいたりして。いやホント、ファミレスは老若男女、色んな層の方々が幅広く利用してるんだなと痛感します。そして俺、ずいぶん通ってるな、ファミレス。

先日は、僕のお隣に座ってた、僕より少し年配の印象の男性が、新聞を読みながら、ずっーと「そこまでするか」と言っていました。もちろん、お一人です。何度も何度も「そこまでするか」と、少し怒った口調で言うのです。なんとなくそう聞こえるというレベルではなく、わりとハッキリと「そこまでするか」と発音するのです。新聞に何が書いてあるのか気になって仕方ありません。よほど、「一体、どこまでしたんですか？」と聞こうかと思いましたが、さすがにそれは我慢しました。

他にも、姑さんへの愚痴を友人に吐き出す女性や、片思いの女の子へのアプローチを男友達に相談する男子高校生、お酒が入って仕事への姿勢を仲間に熱く語る作業服の男性（ごめんなさい、盗み聞きしてる訳ではないのですが、どうしても聞こえてきてしまい……）などなど、ファミレスには本当に色んな人間模様が渦巻いています。そして、こうやって思いを確認したり、発見したり、共有したり、吐き出したりできる場所は、とっても世の中に貢献してるなぁと思いつつ、これからもファミレスに通う日々は続きます。

2019/03/03

女性と年齢のナゾ

18歳の時に「絶対35は過ぎてると思った」と言われた僕ですが、最近は「もうすぐ50です」と言うと、「もっとお若く見えます」と言われたり、そうかと思うと「まだ50いってないんですか！」と驚かれたりします。僕個人としては、若く見られたら嬉しいとか、老けて見られてショック、というような感覚は特になく、単純に「ああ、そう見えるのね」

くらいの感慨しか湧かないのですが、正直、僕が今まで……やっぱ、やめようかな、コレ書くの。怒られそうだから。なんか怒られそうだから。俺、怒られるの苦手だし。でもココまで書いてやめたら担当K氏に怒られそうだな。ごめんなさい。先に謝っとこう。ごめんなさい。でも正直な疑問なんです。どうしても長年、僕が「本当には」理解できてないことなんです。

ここまで長く、言い訳めいた言葉を前もって並べるのは、別に字数を稼ぐためではなく、いやそれも多少ありますが、要するに、それほど繊細といいますか、その疑問を口にすること自体、「デリカシーない！」と言われてしまう危険性をはらんだ、シビアな事柄だからです。

一体お前は何を書くつもりなんだ、とお思いでしょうが、勇気を振り絞り、正直に、すごく正直に言うと、「女性に年齢を聞くのは失礼」という定説（？）の意味が、僕には正直よく分からないのです。

随分と引っ張ったわりには大したことないじゃんと思った人、いやいや、今まで年齢を聞いてしまい、何人かの女性にガチで怒られましたし、中には「海外でそんなこと聞く男は一切いないよ」と、恥を知りなさいとばかりに軽蔑の目を向けられたこともあり、まあ一口に女性と言っても、もちろん「人による」のでしょうが、今まで僕が年齢を聞いてしまい気を悪くした女性の方々、ホント、なんというか、ホント、ごめんなさい。俺、何回謝るんだろ。そして俺、なんでこの定説の意味が分からないんだろ。

もちろん、全く分からない訳ではなく、仮に、女性に年齢を聞く必要が生じた場合は、必ず、枕詞のように「失礼ですけど」という言葉を添えます。ただ、僕自身、その失礼の意味を本当に分かってる訳ではなく、分かってるフリをしているだけのような気がします。「女性に年齢を聞くのは失礼」、その失礼な理由として、よく「だって年齢なんて関係ないから」と言われます。僕も全く同感で、「年齢なんて関係ない」「年齢なんてどうでもいい」と思っています。だから逆に、「別に聞いたっていいんじゃないか」と思ってしまうのです。「関係ないから聞かなくていい」ではなく、「関係ないから聞いたっていい」という感じ。わたた。怒られそう。でも、長年の疑問ゆえ、書き進めます。

たとえば天気の話をするように、たとえば血液型や星座や出身地を聞くように、当たり障りのない世間話をする感覚で、「関係ない」「どうでもいい」年齢の話をするのは、別に失礼ではないんじゃないか、と。初対面の人を少しでも理解しようと、色々お聞きする中で、「年齢だけ聞かない」のは、むしろ不自然なのではないか、と。

まあ、しかしアレですかね、たとえば「いくつに見えます？」と女性から返された場合、「わざとらしくない程度」かつ「実年齢より少し若い年齢」を是が非でも言わなければ！

というプレッシャーと全力で戦うことになるので、だったら最初から聞かなきゃいいんですよね。年齢。

当たり前のことですが、年齢は男女関係なく、その人が生きてきた年数、「年輪」です。浅い年輪には可能性を、深い年輪には円熟を感じます。「関係ない」「どうでもいい」ってことでもないんですよね。

そして、この定説には、今まで女性が闘ってきた歴史みたいなものも関係してるような気がします。さらには年齢差別というものに直面した経験がある方のことを考えても、年齢なんて関係ない、だから聞かなくていい、ということでいいような気もします。

例によって何が言いたいのか自分でも分からなくなってきましたが、要するに僕にとって女性は、いつでも、いつまでも、この上なく美しい存在で、だから僕は女性が大好きで、おっと今のは嫁に怒られる、だからね、だからさ、そんな大好きな女性が怒らないよう、世の男性諸氏よ、女性に年齢を聞くのはダメ。絶対。完全に情緒不安定じゃねえか今回のコラム。

2019/03/17

カメラと僕の距離感

いま実は、某ドキュメンタリー番組の密着取材を受けています。昨年（2018年）の12月から、あらゆる現場に密着カメラが入り、僕を追いかけています。僕なんかを追いかけて番組が成立するのか？という、申し訳ないような、ありがたいような気持ちがある反面、やはりカメラというのは、向けられると気が休まらないものだと改めて感じます。

その某番組のディレクターは、旧知の仲で、しっかりと打ち合わせをした上での密着取材です。そういう意味ではストレスは少なく済んでると思うんですが、やはりカメラを向けられるというのは、「圧」といいますか、ある種の緊張を強いられるものだと思います。

某映画の撮影現場にも、その某ドキュメンタリー番組の密着カメラが来まして（某、某、ばかりで申し訳ない。なにしろ情報解禁がまだでして）、映画の撮影本番、撮影の合間、休憩時間、共演者やスタッフとの談笑、昼食時間まで、密着カメラがずっと追いかけてきます（もちろん「ここはカメラを止めて」とこちらが言えば止めてくれます）。とはいえ、役者にとっては映画の撮影がオンだとすると、オフの場面もカメラを回されてるわけで、やはり「いや〜、気が休まらないなあ」と思いながら午後の映画の撮影が始まりました。

午後のシーンは、医者の役である僕が、病院の受付で突如として、踊り狂うという、ちょっとここだけ聞くと、かなりファンキーな映画を想像すると思いますが、とにかくそんなシーンの撮影でした。

最初、ヨリの画（え）を撮るため、カメラ（映画の方）は僕の近い距離にいたのですが、そのあと、今度はヒキの画を撮るため、カメラ（映画の方。まぎらわしいな）は僕から遠くの場所に行きました。その時、「あれ？」と思いました。

あれほど、ドキュメンタリーのカメラが近くにいると、「気が休まらない」と思っていたのに、映画のカメラが遠くに行くと、少し不安に感じ、「カメラが近い時には安心感があったな」と気付いたのです。

さっきも書いたように、そのシーンは医者が受付で突然踊り出し、周りの患者さんや他の医者が呆気に取られるというシーン。自分では恥ずかしさは完全に払拭したつもりでしたが、わずかに残っていたのかもしれません。カメラが遠くに行くと、周りの患者さん役や他の医者役の方々のリアクションも画に入る訳で、残っていた恥ずかしさがムクムクと湧いてきて、それが不安にさせたのかもしれません。逆にカメラが近い時は自分の芝居に集中し、恥ずかしさを感じず、それが安心感につながった。と、まあ、なんとな〜くですが、そんな気がします。

もちろんドキュメンタリーのカメラの前では、「素」の佐藤二朗をさらけ出さなければいけず、映画のカメラの前では、「役」を芝居でさらけ出さなければいけないという違いはあれど、同じカメラでこうも感じ方が変わるのか、と驚きました。

なんにせよ、僕はまだまだ未熟だなあと感じるのと同時に、ドキュメンタリーにしろ映画にしろ、カメラの向こう側にいるであろう、視聴者の方々や映画をご覧になるお客さまたちに、今後も、僕にできる範囲で、「僕なりのおもてなし」をしていこうと、改めて、思ったりしたのでした。

2019/03/31

向井理と遠近法破壊問題

以前、首を寝違えた時、整体の先生から、「佐藤さんは顔がすごく大きい。だから首に負担が掛かるのです。たとえるなら爪楊枝でリンゴを支えているようなものです」と、血も涙もない例え話をされたことはあまりに有名だが、俺界隈だけであまりに有名だが、つまりは俺の顔は大きい。尋常でなく大きい。ちょっと戦慄を覚えるくらい大きい。うちの息子（7）なんぞは、毎朝ビックリしている。毎日会っているのに、毎朝ビックリしている。父の顔のデカさになかなか慣れないのであろう。

かつて『JIN―仁―』（TBS系列）というドラマで、特殊メイクでスキンヘッドになった。それ用に顔型を作った際、特殊メイクのスタッフに、「僕は、今まで100人以上の俳優さんの顔を見てきましたが、二朗さんほど顔が大きい人は、1人しかいませんでした」と言われ、むしろ「1人いたのか」と、喜びながらその1人の名前を聞いたら、「チェ・ホンマン」さんだった。それはもう、なんというか……それはもう、なんというかとしか言いようがなかった。印象としては、チェさんは「人」というより、「ビル」である。「ビルディング」である。それほどに背が高い。調べたら、身長2メートル18センチ。そりゃ顔も大きい。ごく自然なことだ。しかし俺は平均より高いとはいえ、身長181センチ。その身長でチェ・ホンマンさん級の顔。つまり俺の「身長と顔のバランス」は、なんというか、ほぼ3頭身だ。なんなら2頭身だ。これに匹敵する有名人としては、ドラえもんが挙げられる。ドラえもんはポケットから色々、便利なモノを出してくれるが、俺のポケットには現在、小銭しか入っていない。ドラえもんはタケコプターで空を飛べるが、俺は不器用で竹トンボさえうまく飛ばせない。一体俺は何を書いているのだろう。

そんなビルディングビッグフェイス、つまりＢＢＦな俺だが、何が「つまり」なのかよく分からんが、とにかくそんな俺でも、というかそんな俺だからこそ、ある状況では喜んでくれる人がいる。女優さんである。

ＢＢＦ（↑もういい）な俺が並んで立つと、どんな女優さんも小顔に見えるのだ。いや、多くの女優さんは小顔だから、別にＢＢＦ（↑大概にしろ）が並んで立たなくても大丈夫なのだが、ＢＢＦ（↑もはや引けない）と一緒に画面に映ると、より一層、小顔に見えるのだ。

もちろん、喜ばれるだけではない。女優さんに限らず、俳優さんは小顔の人が多い。そんな小顔の俳優さんと俺が並んで画面に映ると、思わぬところに２次被害を及ぼすことになる。それは、お茶の間だ。俺と小顔の共演は、お茶の間を軽くパニック状態にさせる。そう、世にいう、「遠近法破壊問題」だ。

たとえば向井理（↑超小顔）と俺が一緒に画面に映ると、２人は並んでいるはずなのに、理が遥か遠方にいるような錯覚を起こすだろう。遠近法が破壊された瞬間である。そう、世にいう、いや、もう世にいうのはよそう。世にいうのはよすが、理と僕が画面に映れば、お茶の間では37人くらいが酔うはずだ。少なくとも俺は酔った。オンエアを観て、俺の顔に俺が酔った。そしてぶっちゃけ、いま晩酌中ゆえ、遠近法に酔うだけでなく、酒にも酔っている。

さあ、そろそろ字数はノルマ達成だ。結ばなきゃ。そろそろ、まとめに入らなきゃ。今回のコラム、いやコラムではないな、こんなものはただの駄文だ。ダブンだ。だっぷんだ←志村けんさん（爆）、さあ、いよいよ本格的に酔ってきた。今回のコラム、もとい、駄文は、前半はシラフ、中盤はホロ酔い、終盤は泥酔状態でお届けしているのれ、うまくまとめる自信はないぞい。つまり、ＵＭＪＮＺだ。なんつて。なんつてーーー！　つまり、アレだ、要するに、さようなら。

2019/04/28

＊本稿にご登場いただいた志村けんさんは、この後の２０２０年3月29日に逝去されました。その日、僕はドラマ『浦安鉄筋家族』（テレビ東京系列）の撮影でウンコを投げていました。巨星のマインドは多くの後輩たちが引き継いでいくと思います。改めて、敬意と哀悼を。――佐藤二朗

闇雲ジローの無駄考

当コラムを読んで頂いてる方々や、「AERA dot.」編集部の方々、担当K氏に本当に申し訳ないのだが、実はこのコラム、僕は、僕のために書いている。書くことによって、「自分の考えを整理する」「思いを発見する」ためだ。

いつも、結論や起承転結などは一切考えず、闇雲に書いている。それはもう、大変に闇雲だ。ミスター闇雲だ。「闇雲ジロー」と改名してもいいと思っている。ほうら、何も考えてないでしょ。

ただ、この、闇雲に書いてるうちに、大体いつも中盤辺りから、自分の考えが整理されていくような感覚になる。たまに終盤辺りでようやく整理されることもある。なかには書き終わっても全然整理されないこともある。ダメじゃないか、闇雲ジロー。ただまあ、整理されたらいい文って訳でもないかもしれんから別にいっか。はははははははははははははははははははは。別に「は」の数で文字数を稼ごうとは思っていない。いや多少は思っている。なんなら少し前に戻って「は」を4文字ほど追加した。なんの話だっけコレ。ヤバイ、ホント何も考えてないわ俺。

このままでは担当K氏の雷が落ちるので、今回は「無駄」について考えを整理してみたい。言っちゃあ何だが、子どもの頃から自分は「要領がいい」と思っていた。夏休みの宿題は夏休みに入る前には片づいていた。しかし20代の頃から、やることなすこと、無駄ばかりになった。

当時、役者で食えるか分からず、「手に職を」と、行政書士の試験を2回受け、2回落ちた。この2年の間、バイトの時間以外はほとんど勉強に費やしたにも関わらず。さらなる無駄は、行政書士のあとに受けようと購入した、社会保険労務士の通信教育の教材。まったく手つかずのまま、というか一度も開いてさえいない。通信教育といえば、コピーライターの通信教育もかじったことも告白せねばなるまい。ホントなにやってたんだろ、20代の頃の俺。いずれの経験も、現在の僕の職に役に立っているかといえば、正直「ノー」と言わざるをえない。

無駄は20代の頃に限らない。現在、ありがたいことに、2作目となる監督作品を仕上げ中だが、そしてこれは多くの映画監督が格闘していることだと思うが（他の職でも当てはまるかも）、日の目を見ずに散っていった企画、プロット、脚本がいくつもある。わたた。愚痴ではないよ。もとより日の目を見なかったのは、自分の力量不足以外の何物でもない。ただ単なる事実として、成立させようと費やした熱や時間は、結果的に実を結ばなければ、やはり徒労だったと感じる。

もちろん全てが無駄とは思わない。考えたアイデアが別の企画で役立つこともある。それはもちろん、そうだ。ただ、「無駄の中に無駄じゃなかったことを見つけてホッとする」より、「無駄は無駄のままでいいじゃんか」と開き直る方が、「無駄を恐れない」ことに繋がるんじゃないかと、少し思った。書いてるうちにそんな気に少し、なった。少しじゃダメじゃないか。闇雲ジロー、ダメじゃないか。

だって行政書士の勉強をわりと必死にやった2年間、アレ、どう考えても無駄だったもん。そこで何か、今に役立つことあったかと聞かれたら正直全然分からんもん。ただ、50歳になった今、「あの頃バカだったなあ俺」と、なんというか、その無駄を、いとおしく感じることはできる。

え〜ここで皆さんに発表がございます。コラム終盤に差し掛かった現在、まるで自分の考え、整理できておりません。闇雲ジロー、フル稼働です。皆さん、「一番の無駄はこのコラムじゃねえか」という結論に達しないでください。あるいは達してもいいです。そう。改めて自分に言い聞かせよう。「無駄を恐れるな」。

2019/06/09

宇宙よ、ウーやんよ！

突然だが宇宙である。なんなの、宇宙って。ホント前々から思ってたんだけど、なんなのよ、宇宙って。自由なの？　宇宙は自由すぎるの？　いや、俺も大概自由でありたいと常々思ってはいるけど、宇宙の自由さにはひれ伏すしかないの？　いやいや、ちょっ待って。無限って。無限ってなんなの？　無限ってアリなの？　いや、無限っつったって、どっかには、そらもう、とんでもなく、人間の感覚では計り知れない、もうホントとんでもなく遠くに行った先には、どっかには、終わりがあるんじゃないの？　え？　ないの？　ガチで無限なの？　え何？　今も膨張してるの？　いい加減にして宇宙。どういうつもりなの？　どうしたいの宇宙。

だってどんなものにもドンツキがあって、限りがあって、当然その外側がある訳でしょ？　それがないってんなら……なんなの？　宇宙。なんなの？　手加減なしなの？　宇宙は手加減知らずなの？　常に全力投球なの？　たのきん全力投球なの？　あの時の石川秀美さんの美脚が忘れられないの？　ちょ、宇宙聞いてるの？　どこ向いてるの宇宙。ホントなんなの宇宙。何をどうしていきたいの宇宙。今年の抱負とかないの宇宙。座右の銘とかないの宇宙。人生を変えた一言とかないの宇宙。育児のモットーとかどうしてるの宇宙。日常の些事？　なんつうの？　ややこしいモロモロ？とは、どう向き合ってるの宇宙。オンとオフの切り替えとかどうしてるの宇宙。ずっとオンなの？　あるいはずっとオフなの？

てか宇宙よ。貴殿はまだ進化するつもりなの？　なんというか、永遠に上書き保存なの？　イマイチたとえを失敗したの？　宇宙のリフレッシュタイムはいつなの？　ずっとリフレッシュなの？　つねに新鮮な気持ちでステージに上がってるの？　来て頂いたお客様に最高のパフォーマンスを見せるの？　俺は一体なにを書いてるの？　担当K氏の怒りや哀しみさえ通り越した、力のない微笑が宇宙には見えるの？　俺には見えるよ宇宙。正直、K氏怖いよ宇宙。

あ、宇宙よ。言っとくけど俺は酔ってるよ。酔ってなきゃこんな文は書かないよ宇宙。そして、もうそろそろ、担当K氏はもちろん「AERA dot.」の偉い人も怒り出すの？　ねぇ宇宙、答えなさい宇宙、え何何？　現在、最も遠くに観測されている銀河は１３２億光年先の彼方なの？　そもそも光は1秒間に地球を7周半できる猛烈な速さで、その光のとんでもない速さをもってしても、１３２億年という、気の遠くなるような時間が掛かってしまう場所が、132億光年彼方なの？　……ちょ、宇宙、うっちゃん、ウー坊、ウーやん。オジサン、少し吐きそう。ウーやん、オジサンもう限界。オジサンのウーやんに対する理解の範疇は、大気圏をとうに越えた。白旗。ウーやんには白旗。え何？　……嘘!?　ウーやんの構造は、僕ら人間の頭の神経の構造とそっくりなの？　……嘘だあ。そんな途方もないウーやんと、ちっぽけな僕らの頭が？　……いや、嘘だあ。

あら？　酔いが少し、さめた。気がする。アレかな。日常の些事？　なんつうの？　ややこしいモロモロ?を、たまには一旦忘れて、ウーやんのことを考えれば、俺の頭も永遠に上書き保存、できる、かも。

2019/06/23

●

「もう、ぼく、ちきゅうでたい！」

全然ベストどころか、なにがベターかもまったく探り探りで、時には、こういう時にはどうするべきか、何を息子に言うべきか、皆目分からなくて、妻と途方に暮れることもしばしばな感じなのに、図々しくも頂いてしまった、ベスト・ファーザー賞。とはいえ、賞というものを頂くのは初めてで、なおかつ、これを機会に少しは、「ちゃんとした大人」「ちゃんとした父親」にならねばと、自分を律することになるかもしれないと思って、ありがたく、この賞を頂戴しました。

ただ、昔、野球盤を息子と2人でやった時、ガチで試合にのぞんで、一切の手加減を排し、「18対4」とか大人げなさ丸出しのスコアで勝利し、息子がギャン泣きして、「もう、ぼく、ちきゅうでたい！」と、大き過ぎるスケールの泣き言を言ったこともあります。

毎日の晩酌の時、息子が生まれる前は、今日の出来事を妻にホロ酔いで話し、聞いてもらうのが楽しみの1つだったのですが、まあ当然、今はその時間は息子が今日、小学校であった出来事を話し、それを妻と2人で聞くことになります。もちろんそれも親の務めと最初は僕も一生懸命聞いているのですが、そのうち、僕自身も妻に、自分の今日の出来事を聞いて欲しくなり、「今度はお父さんの番だからね！」と、こちらも大人げなさ丸出しで、「妻（母）に話を聞いてもらう権利」の奪い合いを、息子と熾烈に繰り広げることもあります。

そんな僕ですから、妻には「まあ俺は、父親と長男の一人二役だな」と言い訳を含めて言ったりします。妻は、「一人一役にならなきゃいいがな。長男の」と若干冷ややかな目をして言います。いや〜しかし俺、よく受けたな、ベスト・ファーザー賞。

以前、ある取材でも答えたことがあるのですが、僕にはどうしても、「威厳のある父親」を演じるのは無理なようで。いかにプロの役者とはいえ、これだけはどうやら無理なようで。だから、できることと言えば、世の親御さんがお子さんに対してそうであるのと同じように、息子をたくさん愛することだけだと思っています。いや決して良さげなことを言おうとしてるんではなく、ん？　少しは言おうとしてるのかな俺？　いやいや、やはり「たくさん愛する」、これしか自分にはできないと思っとります。

以前、ある一般の方のツイートで知った話なのですが、震災で幼い娘さんを亡くしたご夫婦に、数年後に娘さんが生まれたというドキュメンタリーがあったそうです。そしてインタビュアーの方の「娘さんにはどんな風に育ってほしいですか？」との問いに、お父さんは、こう答えたそうです。

「おばあちゃんになって欲しい。ただそれだけ」

本当に、そう思います。

2019/07/07

故郷がある、こと

いま、地方局製作のドラマを撮影しております。僕の故郷、愛知県の中京テレビ（日本テレビ系列）、その開局50周年記念のドラマです。不肖わたくしが主演で、監督は同じく愛知県出身の堤幸彦さん。愛知県の小牧工業高校（２０２１年に小牧工科高等学校に校名変更）マーチングバンド部の実話を基にした作品です。

旧知の仲である中京テレビのプロデューサー氏は、名前を出すのは控えますが池田京平という人ですが、以前から「なんとしてもドラマを作りたいんです」と言っていました。地方局の実情にあまり明るくない僕が多くを語るのは避けますが、どうやら地方局がドラマを作る機会はあまり多くはないようです。

「人前が苦手で、不器用で目立たず、教室の片隅にしか居場所がないような生徒に焦点を当てた作品をつくりたいんです」。自身もいじめにあった経験を持つ池田京平は、一緒に呑む時によく言っていました。

僕自身は、故郷の愛知県を離れて、32年。がむしゃらに駆け抜け、必死にやってきた32年でした。そして気づけば、一番長い年月を過ごした場所が東京になっています。自分でこしらえた家族の居場所も東京。息子が生まれ、育つ場所も東京です。

ただ、最近よく思います。「故郷がある」ということはとてつもなくありがたいことだ、と。もちろん故郷の場所は東京でも地方でも構いません。とにかく時には故郷を顧みて、僕にできる範囲で、恩を返したい。僕のような小者が故郷に何の恩返しができるかは分かりませんが、最近そんなことを考えるようになりました。

そして言わずもがなですが、地方がどんどん元気になり、盛り上がっていくことは、ムチャンコ大事なことだと思います。なのに、今まで僕は、自分が役者として生き抜く（←これは今も、これからも、考えなければいけないことですが）、その活動場所である東京ばかりを見ていたような気がします。そんな僕ですが、50歳になり、最近ふと、故郷のことを考えるようになりました。

「僕はなんとしても堤幸彦さんが監督、二朗さん主演、愛知県で育ったお二人で、愛知県のドラマを作りたい」。そう言って池田京平は数々の壁を乗り越え、企画を通しました。ドラマをつくりたい人がドラマをつくる。なんと真っ当なことでしょう。

まあ、ちなみに池田京平は大阪出身ですが（笑）。しかし、とにかく、熱意をもって自分の足で立つ人には、それ相応の熱意で返さねば。

教室の片隅にいる生徒は、しかしその内に秘めた「可能性」は中心にいる生徒にまったくヒケを取るものではないと思います。

是が非でも良い作品にしなければ、と覚悟を決めているところです。

2019/07/21

セリフが飛んだら

「セリフ、どうやって覚えるんですか？」。よく聞かれる質問だ。主に俳優以外の職業の方から聞かれるが、たまに俳優仲間からも聞かれる。「一生懸命覚えます」と身も蓋もない答え方をいつもしてしまうが、確かにセリフの覚え方は俳優によって様々だし、「セリフを覚える作業さえなかったら俳優ってホントに愉（たの）しい職業だよね」なんて意見もある。

そもそも、ドラマや映画などの「映像」と、「舞台」ではセリフの覚え方というか、セリフを染み込ませる深度みたいなものが違う気がする（ひとくちに映像、舞台といっても、映像にも様々あるし、舞台にも様々あるが）。

敬愛する先輩俳優である風間杜夫さんから以前伺った話。風間さんがまだ若かった頃、映画の現場で勝新太郎さんと一緒になった。若く、それゆえのトンガリもあったという風間さんに、勝新さんはゆらりと近づき、こう聞いた。「お前は、セリフを覚えてるか」。ちなみにノミの心臓で一世を風靡した（↑いつ？）僕が勝新さんにそんなこと聞かれたら、「覚えてます覚えてます、もちろん覚えてます、なんなら勝新さんのセリフも覚えてます、なんなら登場人物全員のセリフを覚えてます」と、震えあがりながら大嘘をついてしまいそうだが、若き風間さんは、大先輩である勝新さんの目を見てこう答えた。「いえ。覚えてません」。……ひゃひゃ〜怖い。しかし勝新さんは、ニヤリと笑い風間さんに、「それでいい」と言ったそうだ。「セリフは撮影当日、現場で覚えればいい」と。

ここからは僕の想像だが、刻一刻と変わる現場の状況、空気を感じながら、順応しながら、そこで、その場でセリフを覚える、その方が生なセリフが吐ける、みたいな意味だったのかなと想像する。もちろん良い悪いの話ではない。勝新さんもこの時はそう仰ったとのことだが、作品によっては、あるいは場面によっては、違うアプローチだったかもしれない。

こちらも名優、津川雅彦さんとドラマでご一緒した時。捜査会議のシーンで気の遠くなるような長ゼリを、全く詰まることなく、魅惑的な見事なセリフ回しで演じ切っておられた。津川さんは、セリフは何日も前から、何度も何度も練習すると仰っていた。そうやってセリフを自分に染み込ませることで、変わりゆく現場の状況にも柔軟に対応できる、と。繰り返すが、これは良い悪いの話ではない。勝新さんも津川さんも言うまでもなく歴史に名を刻む、大名優だ。要は役者によってやり方は様々ということだ。ちなみに、これらは全て映像の話で、舞台の場合は「寝言でも言えるようになるくらいセリフを染み込ませなきゃダメ」なんて言われる。

僕が昔いた団体「自転車キンクリート」の先輩俳優、久松信美さん（当コラムでも以前、ご紹介した方）は、かつて舞台本番中にセリフが飛んでしまい（忘れて出てこなくなること）、しかも共演者が誰もフォローできない箇所で飛んでしまい、そういう時はたった数秒であってもセリフを忘れた役者本人にとっては数分、数十分にさえ感じるもの（ちなみに久松さんは「永遠」に感じたそうだ）だが、とにかく、まさに地獄の沈黙の時間が続き、果てはなんと客席にいたリピーターのお客さんがプロンプ（忘れたセリフを教えること）してくれたそうだ。

いや〜セリフ覚えには、悲喜こもごものロマンがある。いやロマンはないか。必死だ。

皆、必死だ。そんな訳で、わたくし現在稽古中。三谷幸喜さん作・演出の舞台『愛と哀しみのシャーロック・ホームズ』。みんな、もし僕がセリフを忘れたら、客席からプロンプしてね。嘘。必死に覚えます。

2019/08/04

名棒読み師の妻

前回のコラムで、俳優の「セリフ覚え」について書いたが、今回もこれについて書く。2回続けて同じテーマなんて、またもや担当K氏に怒られそうだが、違うんだK氏。待ってくれK氏。K氏。ケーシー高峰。そんなことを言ってる場合ではないし、担当はもちろんケーシー高峰さんではない。2回続けて同じテーマで書くのは、決して書くことがないからではないのだ。嘘だ。書くことがないのだ。いま舞台の稽古真っ最中で、その舞台は（2019年）9月1日から世田谷パブリックシアターで本番を迎える三谷幸喜さん作・演出の『愛と哀しみのシャーロック・ホームズ』という演目で、今さりげなく宣伝を挿入した訳だが、そしてさほどさりげなくもなかった訳だが、とにかくこのテーマが今の僕にとっては一番タイムリーなのよ。ゆるちてK氏。ケーシ、もういい。

どうやってセリフを覚えるか、を問われたら、「一生懸命に覚える」と身も蓋もない答えを言うようにしているとは前回も書いたが、もちろん決まりなんてないし、役者それぞれにやり方があると思う。「書いて覚える」という女優さんもいたし、「相手役のセリフをカセットテープ（←古）に吹き込んで覚える」という先輩俳優もいた。

ちなみに僕はよく、妻に手伝ってもらう。相手役のセリフを妻に読んでもらうのだ。この時に注意してるのは、なるべく妻に棒読みで読んでもらうこと。相手役の俳優さんがどんなトーン、言い回しでセリフを言うか分からない（特に稽古というものがないドラマや映画などの映像の場合）ので、妻にはなるべく棒読みで相手役のセリフを言ってもらう。棒読みをさせたら古今随一のウチの妻は、まさに適任と言える。

少し話がズレるが、妻にセリフ覚えを手伝ってもらうと、意外なことが判明する。ここからの文は妻が読んだら佐藤家に嵐がやってくるので僕も命懸けで書くが、妻はわりと、いや、かなり漢字が読めない。裁判のドラマの相手役をやってもらった時、妻は「訴訟」を「そこう」と読み、僕は椅子から転げ落ちそうになった。正確には転げ落ちた。

佐藤家に嵐がやってきそうなので他人の家庭も巻き込むが、ある僕の後輩俳優もセリフ覚えを奥様に手伝ってもらうらしく、その奥様は「弾丸」を「だんまる」と読み、その後輩俳優は飲んでたコーヒーを吹きそうになったらしい。正確には吹き散らかしたに違いない。その後輩俳優の名は名誉のために書かないが野間口徹（のまぐちとおる）という俳優だ。

野間口を巻き込んだところで話を戻すが、妻にセリフ覚えを手伝ってもらうのは、あくまで相手役との「会話」の場合だ。「相手役のセリフを聞いていれば自分のセリフも出てくる」と言われるように、会話なら相手役に依存できる。しかし頼るべき相手役がいない場合もある。「長（なが）ゼリ」だ。

長ゼリであっても、たとえば内容にストーリーのあるような長ゼリならば、それを「拠り所」として覚えることができる。しかし、かつて舞台で、本番3日前に「資格の名前」を延々4ページの長ゼリで渡されたことがある。医療事務管理士とかボイラー技士3級とかフードコーディネーターなどの資格である。何かの名前の羅列というのは覚える拠り所がないので、とにかく必死に覚えるしかない。

さらにこの演出家は、別の舞台で今度は「イスラム教国」の羅列を4ページ、僕に与えた。で、舞台本番、僕がこの長ゼリを忘れたり詰まったりして四苦八苦してると、客席の後ろでオジサンの笑い声がする。その演出家だ。かように演出家はドSで、俳優はドMだ。

武士の情けでその演出家の名は伏すが堤幸彦という人です。

まあ、だからアレだね、身も蓋もなくても、やっぱりセリフは「一生懸命に覚える」、しかないね。ひえ〜、前回のコラムと結論、一緒になっちゃった。

2019/08/18

お母さんと呼ばせて

ちょっとご無沙汰です。舞台のため、当コラム、少しお休みを頂いておりました。この文が配信される（2019年）10月13日に舞台は福岡で大千秋楽を迎えます。感謝。で、当コラム、再開。ふたたび、よしなに。

さて。その舞台の演目は『愛と哀しみのシャーロック・ホームズ』。作と演出は三谷幸喜さん。僕はシャーロックの相棒、ワトソンを演じました。実はこの舞台の本番中、大変な事件が起きたんです。コレ、書いていいものか迷いましたが、三谷さんも朝日新聞の連載エッセイでこの事件を書いてたので、僕も書いちゃうね。

舞台の後半で、トランプを使ったゲームを、出演者7人全員でやるシーンがありまして。ありましてとサラッと書きましたが、実はクライマックスの大事なシーン。配る人（ゲームの親）は切ったカードを配ったように見せかけて、用意されたカードとすり替えてから配る。なぜなら、誰にどのカードが配られるかはその後の芝居の展開にムチャクチャ関わってくるから。つまり、配りミスをしたら、その後の芝居が立ち行かなくなる。重責。配る人、重責。

で、配る人、よりによって俺。ミスターテンパリストの名をほしいままにする俺。でも俺、頑張った。観劇した妻に芝居の感想を聞いたら、「カード、よく配れたねぇ、君が」と芝居の感想でもなんでもない感想を言われたほど、配り役、頑張った。配り役ってなんだ。とにかく頑張った。あの事件が起きるまでは。

わりと引っ張ってるが、皆さん、ご想像の通り、配りミスしちゃったの僕。配りミスリングしちゃったの僕。計3回配るんだけど、本来3回目に配るべきカードを、2回目に配っちゃったの僕。

異変にはすぐ気づいた。だって配ったあと、シャーロック役の柿澤勇人が半笑いだから。ヴァイオレット役の広瀬アリスも半笑いだから。2人、半笑い。僕、全テンパリ。でも芝居、続けなきゃ。でもカード間違ってるからこの後の芝居、全然成立しない。でも芝居続けなきゃ。あわわ、あわわ、あわ%＃&＊℃$@……。

その時だった。「ねぇ、やり直しませんか」。広瀬アリスだ。彼女は機転を利かし、レストレイド警部（迫田孝也）がインチキをしたから配り直そうと言い出した。おいアリスよ！　君のこと、お母さんって呼んでいいか！　25年ほど俺の方が年上だが君のこと、お母さんって呼ばせてくれ！

そんなことを言ってる場合ではない。カードを回収したはいいが、今度は本来配るべきカードを選び出さなければいけない。テーブル上でカードを広げて必死の作業。お客さんに見えぬよう、柿澤や横田栄司（マイクロフト役）が壁になってくれる。アリスと迫ちんが必死のアドリブで繋いでくれてる。しかしミスターテンパリストの俺はなかなかカードを選び出せない。後でハドソン夫人役のはいだしょうこから聞いたのだが、この時俺はずっと小声で「俺は老眼なんだ、俺は老眼なんだ」とつぶやいていたらしい。なに舞台上で自分の老いをアピールしてんだ俺！

遅々として進まぬカード選び作業。ここで立ち上がった女優がいた。長年テレビの生放送の司会を務め、突発事態の対応に慣れている八木亜希子（ミセス・ワトソン役）だ。

八木ちゃんはアリスと共に、レストレイド警部役の迫ちんを突っ込む即興劇に参加し、客を大いに沸かせる。八木ちゃん！　あなたのこと、お母さんって呼んでいいか！

ピアノ生演奏の荻野清子も、その即興劇をサポートするように、アドリブBGMを演奏する。荻野さん！　あなたのこと、お母さんって呼んでいいか！

一方、カードをなかなか選び出せない僕。もう、この老いをアピールするオジサンに任せても無駄と判断したのだろう。落ち着き払った、でも力のある目で、しょうこちゃんが僕に言った。「カード貸して。裏に持ってく」。しょうこちゃん！　君のこと、お母さんって呼んでいいか！

裏のスタッフの手に渡ったカードは無事、選ぶべきカードで整理され、僕の手に返され、芝居は再開された。終演後のカーテンコールは特別に三谷さんも参加し、カード片手に茶目っ気たっぷりにゴメンのポーズ。アンコールで三谷さんから一言を促された僕は、「今日のことは……記憶にございません！」と、なにお前はウマイこと言ってんだ的なことを言い放ち、一件落着。うそ。落着してない。ホントごめんなさい。共演者たちに助けられた僕が、このハプニングの間に成し得たことは、平仮名4文字で言い表せられる。「あたふた」。みんな、ごめんよ、結局俺、老眼をアピールしただけだったよ。

この一件ですっかりお母さんが増えた僕は、本来のお母さんである妻（↑違）の命により、翌日、女性楽屋にゴディバのチョコレートを、お詫びと共に差し入れたのだった。しかし、やっぱ、アレなのな。女優って生き物は、やっぱ、とびきり、かっちょエエのな。

2019/10/13

妻にチューを断られた僕ちんのオフ

この原稿を書いている10月下旬某日、実は本当に久しぶりのオフ。地元の喫茶店で、これを書いている。

7月下旬から舞台の稽古に入り、稽古休みの日は何らかの仕事をし、9月はまるまる舞台の本番で、休演日も何らかの仕事をしたりして、東京公演が終わったあとは大阪、福岡で公演をし、福岡で大千秋楽を終えた足でそのままフランスのカンヌへ行き、さらにその足でポーランドのワルシャワに行き、帰国した翌日に『99人の壁』の収録をして、さらにもろもろの取材や撮影を経て、ようやく今日という、夢にまで見たオフ日を迎えた。

忙し自慢をしている訳ではない。嘘。多少はしている。させて。せめて自慢くらい、させて。休み、久しぶりなの僕。浮かれてるの僕。久しぶりの休みに、ちょっと浮かれちゃってるの僕ちん。

50のオッサンの「僕ちん」が飛び出したところで、要するにお前は今回なにが書きたいんだ？　なにが言いたいのかサッパリ分からない、という読者諸兄の声が聞こえてきそうだが、うん、その通りなの。分からないの僕。僕ちん、サッパリ分からないの、オフの過ごし方。

もちろん、家族とゆっくり過ごす、というのはある。今日も溜まりに溜まった事務仕事（↑結局仕事してる）を片づけたあと、自宅で息子とこま回しや腕相撲などで遊び、妻には「チューしよ」と言って断られ、そんな情報はいいんだが、とにかく、そういう時間を経て、現在この喫茶店でようやく「自分の時間」が到来した。しかし、いざ休みの日になり、「自分の時間」を持てた時、何をすればいいのか途方に暮れてしまっているのだ。

こんな時、趣味があればなと思う。なんでもいい。趣味があれば、自分の時間でゆったりとその趣味に没頭できるだろう。しかし悲しいかな僕には本当に趣味というものが、ない。ちなみに特技はお手玉で、ジャグリングみたいにたくさんは無理だけど、お手玉3つまでなら回せるよ僕ちん。再びどうでもいい情報を挿入した上に、僕ちんの多用にそろそろ読者諸兄が怒り出す頃だろうが、とにかく僕の唯一の趣味は「晩酌」くらいしか思い付かない。

しかし晩酌というくらいだから、晩にならないと酌はできない訳で、あまりに早くから酌をすると、妻の雷が落ち、妻とのチューがさらに遠のく。

お気づきだろう。そう。いま僕がそれなりに有意義（？）な時間を過ごせているのは、このコラムのおかげなのである。「AERA dot.」のおかげなのである。休みの日、無趣味の僕は何もやることがない。いや待て。「AERA dot.」があるじゃないか。そうだ。喫茶店でアイスコーヒーをゆったりと飲みながら、コラムを書けばいいじゃないか。「そうだ。コラム書こう」である。

妻だけでなく、担当Ｋ氏の雷も落ちそうな文を書いている自覚はあるが、コラムと、そんな接し方があってもいいじゃないか。

結局オフの日も仕事してるじゃねえかという読者諸兄の声は聞こえぬフリをして、そんな緩～い感じで、今後とも、僕ちんを、どうかひとつ。

2019/10/27

君は僕のすべてなんだから

やっちまった。また、やらかしちまった。やらかしたのは、もう何度目になるだろう。もう汐留になるだろう。そんなことを言ってる場合ではない。「もう汐留になるだろう」の意味が分からない。東京・汐留といえば日本テレビの所在地だ。かつては麴町だった。日テレに行くには麴町ではなく、もう汐留になるだろう。よし、ようやく成立した。「もう汐留になるだろう」がようやく日の目を見た。何を書いてるんだ俺は。汐留に関して、こんなに字数を割いている場合ではない。先日、またもや酔っ払った勢いで、妻への惚気ツイートをしてしまったのだ。以下に、その内容を記す。読者諸兄よ。心して見よ。あるいは見るな。

〈いま新潟かつ酔ってるゆえ。妻よ。「酔って惚気ツイート自粛しろよ」と言う妻よ。精神年齢8才の僕が、君にできることは「たくさん愛する」だけだ。これでも無茶苦茶、自粛してんだよ。本当はこの140文字に、毎日、毎時、毎分、毎秒、何回でも何十万回でも書きたいんだよ。君は、僕のすべてです。〉

ギャアアアアアアアアアアアア……なんたる、なんたるこっ恥ずかしいツイート。実際、俺は叫んだ。翌朝起きて自分のツイートを見て叫んだ。新潟のホテルで一人叫んだ。俺の叫びは日本海にこだました。知らんが。とにかく恥ずかしさのあまり、俺は叫んでしまった。

もちろん、こんなツイートでも「ホッコリした」「癒やされた」等々の感想を持ってくださった方々がたくさんいらしたようで、もう、そこには感謝というか、陳謝というか、要するに深謝の気持ちしかない。改めて、ありがとうだし、ごめんなさいだし、本当にありがとうである。

しかし、やはり妻には怒られた。「良い感想を持った人だけじゃないぞ。ケッと思った人もいるぞ」。もっともだ。てか、俺だって誰かがこんなツイートを書いたら、ケッと思うかもしれない。

ただ妻よ。宇宙で一番愛する妻よ。この期に及んでドサクサに紛れて惚気てみたが、とにかく妻よ。俺は思うのだ。万人が良い感想を持つなんてことを、もともと君の旦那は目指してはいない。いや、目指すのは尊いことだと思うし、そうなれば本当に素晴らしいことだとも思う。が、誰かが「面白い」と思う表現は、誰かが「つまらない」と思う表現かもしれない。後者の方々にはごめんなさいと思いつつ、でもそれを恐れていてはいけないと思うのだ。

若干、開き直ってる印象を受けるかもしれないが、そして実際少し開き直ってるが、「万人が評価する」ことも安易に諦めてはいけないかもしれないが、「一部が絶賛する」ことにも価値があると思うのだ。

まあ、なんか話が少し飛躍した気はするが、それはまあ、当コラムのいつものことだ。そしてなんといっても、酔っ払った勢いではあるが、その内容に、嘘は微塵もない。だって本当に君は、僕のすべてなんだから。さあ、皆さん、ご唱和を。ギャアアアアアアアアアアアアア。

2019/11/10

●

ファッショナブルへの茨の道

本当にお恥ずかしい話なんですが、僕、どうしても、「服」に興味が持てないんです。

これ、もうほとんど、僕のコンプレックスになっています。

妻には「人前に立つ職業なんだから、そういうことにもっと気を配りなさい」と言われてます。その通りだと思います。

ただ現実は、普段着る服は全部、妻がネット通販で買った服を着ています。ちょっと気が緩むとすぐジャージになります。以前、映画の舞台挨拶にジャージで行こうとして、妻に「気を確かに持て」と雪山で遭難した登山者のように言われ、思いとどまったこともあります。

服屋さんに行くと、「服屋さん」という表現が、もう既に、かなりアレな自覚はありますが、とにかく服屋さんに行くと、なんか緊張します。すぐ帰りたくなり、妻に「ちゃんと自分で選びなさい」と怒られます。

以前、現場にジーンズで行ったら、みんなによってたかって驚かれたことがあります。「うわ〜珍しい！」「二朗さん、ジャージ以外も着るんですね」「二朗さんがジーンズとか、なんかイメージが違う〜」。一体どんなイメージで俺を見てるんだという気もしますが、それくらい普段はジャージだったんでしょうね僕。「今日は比較的フォーマルな席だから、ジーンズで行こう」と言ったら、「ジーンズは完全にカジュアルだ。気を確かに持て」と妻に怒られたこともあります。僕は何回気を確かに持てばいいんでしょう。ちなみに、ジーンズの僕に、某福田雄一監督は、「二朗さ〜ん、洗練されたね〜」と言いました。ジーンズで洗練されたと言われる僕の日頃のファッションレベルの低さをどうかご推察ください。ドン小西さんには間違いなく殴られるでしょう。

僕のファッショナブルへの道を完全に諦めた妻は、「とにかく人を不快にさせない程度の清潔感があるものを着なさい」と言います。なのでそこだけは留意しています。でも、なんというか、自分の色といいますか、自分らしさといいますか、そういうのを表現できる服を、さりげなく着こなす人に、どうしようもない憧れと劣等感があったりします。

こんな僕ですが、雑誌「GQ JAPAN」（コンデナスト・ジャパン）の企画でアルマーニのスーツをオーダーメイドすることになりました。何度か採寸やフィッティングをしたのち、いよいよ出来上がったスーツに初めて袖を通す場は、ポーランドのワルシャワ国際映画祭。僕が監督した映画『はるヲうるひと』の舞台挨拶に登壇するため。今ちゃっかり宣伝を挿入しましたが、ポーランドで、アルマーニのオーダーメイドスーツに初めて袖を通した時、なんというか、戦闘モードになった気がしました。「あ、こういうことかもなあ」と思いました。

相手を不快にさせないのはもちろんですが、自分の気持ちが、前を、上を向けるような服を着ればいいかもな、と。それをTPOに合わせて、さりげなく着こなす。

なーんて、口で言うのは簡単ですが、なかなか成し得るのは難しいんだろうなあと、こんな僕でもなんとなく想像ができます。

でも、自分の気持ちが上向く可能性があるなら、そのアイテムを利用しない手はない。

まずは、もっと服に興味を持つところから始めてみようと思っています。

2019/11/24

ウンチの気持ちを大便代弁

もう20年以上前のことだと思いますが、オリンピックで思うような成績を残せなかった選手が競技後のインタビューで「まあ、こんなもんちゃいます？」とあっけらかんと答えていました。良いなあ関西弁、と僕は思いました。４年に一度の大舞台、言い知れぬプレッシャーや努力があっただろうに、悲壮感を感じさせない言葉、というか語感。「まあ、こんなもんちゃいます？」。この語感には、周囲の、そして自分自身の肩に入った余計な力をふんわり抜いてくれる効能がある、と言ったら少し大げさでしょうか。

僕は愛知県で育ちました。上京して、「ケッタ」が通じなかったことに衝撃を受けました。ケッタとは名古屋弁で自転車のことです。東京では「チャリ」と言わないと通じないと知りました。

ちなみに「熱い」を名古屋弁では「チンチン」と言います。言うんです。言うんだから仕方ありません。「お風呂入ろうと思ったらお湯がチンチンだでよう入れーせん！」「風呂入っとったらお湯がチンチンになってきたで俺のチンチンもチンチンになってきたがや！」。ごめんなさい後ろの方は嘘です。いや、そういうことも可能性としてはあり得るでしょうが、お湯がチンチンになってきたら己のチンチンがチンチンになる前にチンチンになったお湯から己のチンチンを出すのが先決でしょうから、やめましょう怒られます。僕も僕のチンチンも怒られます。いや僕のチンチンが怒られることはないでしょうが、ホントやめましょう。コンプライアンスに抵触する前にチンチンは撤退しましょう。

妻の郷里、群馬では、いわゆる「大」の方を催した時、「ウンチ出たい」と言うそうです。「ウンチ出したい」ではなく、「ウンチ出たい」。あの〜、品のない言葉が続いておりますが、今回は「方言の尊さ」について書いておりますのでどうかご辛抱を。

「ウンチ出たい」。なんということでしょう。主語、ウンチ。ウンチ目線。ウンチに寄り添い、ウンチの気持ちを代弁した、なんともチャーミングな方言だと僕は思います。思うんです。思うんだから仕方ありません。「ウンチの気持ちを代弁」ってなんだよという気もしますが、そうとしか思えません。「ちょっ、もう出たい。俺、いい加減出たい。もう充分。俺、もう充分やったはず。やるべきことは充分やったはず。俺、悔いはない。だからもう出たい。俺、マジで出たい」。こんな感じだと思います。思うんです。思うんだから仕方ねえだろうがこの野郎。おっと、ごめんなさい乱暴な口を。そして、ウンチの性別を男性にしたのはあくまでイメージです。「ウンチの性別」ってなんだよ。あと、いま気づいたけど「ウンチの気持ちを代弁」ってアレだね、大便&代弁だね。ふふふ。皆さん！この度デビューした新人デュオ「大便&代弁」です！　デビュー曲のタイトルは「大便代弁さあ大変」。聴いてくださ、これ今回マジで担当K氏に怒られるな。撤退。怒られる前に撤退。チンチンに続き、ウンチも撤退。

方言の尊さについて書こうと思ったのに、いつの間にか若干（？）変な方向性の話になってしまいましたが、おかしくもチャーミングで魅力ある方言たちを後世にしっかりと残していきたい。さっきまでチンチンとウンチを連呼してた人間が言っても説得力がないかもしれませんが、本気でそう思います。

ちょうどこの記事を書いた夜、行き着けの居酒屋で呑んでたら、アルバイトの大学生が

「地方出身の友達が羨ましい」と言いました。彼女は東京生まれ、東京の大学に通っているとのこと。理由を聞いた僕に、彼女は真顔で「だって、方言が喋れるから」。

うん。君のその感覚、大事にな。オジサン、大便代弁さあ大変とか言ってる場合じゃなかったよ。謝る。とろっくっしゃあこと言っとってどえらい悪かったがや（アホなこと言って本当にごめんなさい）。

2019/12/08

●

人の呼び方

今日は「人の呼び方」について考えてみる。まったくクリスマスも年の瀬も関係ないテーマだが、クリスマスにも年の瀬にもあまり興味がないゆえご容赦頂きたい。

言うまでもないが、「人の呼び方」は、その人との距離感と密接に関係している。呼び方次第でその人との距離は縮んだり、遠ざかったりする。もちろん目上の人なら、同性異性を問わず、姓に「さん」づけが妥当だろうから、ここでは同年代や目下の人に限定して話を進める。

まず、距離感をあまり縮めたくない人には、姓に「さん」づけ。これは永久不変の真理だ。よそよそしさ十分。それでいい。一方、この人とは仲良くなりたいな、距離感を縮めたいなと思う相手なら、やはり呼び捨てに挑むべきであろう。もちろんアダ名という手もあるが、やはりここは呼び捨てを推したい。姓でも名でも構わない。とにかく呼び捨て。最終目的呼び捨て。最終兵器彼女。ごめん今のなし。高橋しんさんごめんなさい。

しかし、初対面でいきなり呼び捨ては難しい。会ったその日に「田中はさぁ」とか「達彦はどう思う？」とか「おしゃれだね、奈美」とは言えない。いや言えないこともないが、むしろその人との距離が思いきり遠ざかるリスクがある。リスクっていうか、多分遠ざかる。焦ってはいけない。対人ストロークの詰め方には繊細さが必要だ。まずは姓に「さん」づけ。「田中さん」。ここが入り口であろう。

しかし機を見て、よきタイミングで、「くん」「ちゃん」に斬り込まねばなるまい。「さん」よりは明らかに距離が縮まる。そして姓ではなく名に飛び込んでみよう。「達彦くん」「奈美ちゃん」。「田中ちゃん」だと、やや、業界臭が漂ってしまう。

「くん」「ちゃん」をクリアしたら、次はいよいよ「呼び捨て」だ。何がいよいよか分からんが、とにかく呼び捨てなら、姓でも名でもいい。通常、名の方が距離は縮まるものだが、呼び捨てはそれをも凌駕する。たとえば僕の場合、異性に対しての「姓の呼び捨て」は、同志としての敬意のあらわれだ。ずっと「はるかちゃん」と呼んでいたがピンと来ず、長く一緒に作品をつくっていくうちに「きなみ」と呼ぶようになった木南晴夏（きなみはるか）がその例だ。

難しいのは呼び捨てにするタイミングだ。もちろん打ち解けてきたことが大前提ではあるが、難しいのは「最初に」呼び捨てにするタイミングだ。極度の緊張と繊細な心配りが求められる。相手が油断した隙に、針の穴に糸を通すように、清水の舞台から飛び降りるように、ちょっと何を書いてるのか分からなくなってきているし、なんで俺こんなに呼び捨てにこだわってるんだろうという気もしてきたが、ここまで書いてしまったのだから仕方ない。年の瀬だ。許せ。

最初の呼び捨ては、できれば何かの言葉の末尾につけるのが理想であろう。会話の最後にさりげなく呼び捨て。「冬って好きなんだよね。空気が澄みきっていてさ。刺すような寒さが逆に気を引き締めてくれる、そんな気がするんだよ。陽が短いのも好きなんだよね。だって夜が長いってことだろ？　長くなった夜を、一緒に生きてみないか奈美」。ごめん失敗。例文失敗。これだと距離が縮まる前に通報される。なんかどこかに通報される気がする。おそらく奈美ちゃんからは「キモイ。死ねばいいのに」とかって言われる。

かように「人の呼び方」の裏には悲喜こもごものドラマが隠されている。息子が幼稚園に行ってる間、久々に2人きりになったので、「お父さん」「お母さん」ではなく下の名前で呼び合おうと提案したら、即答で「イヤだ」と妻に断られた経験を持つ僕は、今後も「人の呼び方」に蠢（うごめ）く人間模様を探求していこうとあまり思っていない。

2019/12/22

おとなの絵本（仮題）

未発表

○アパート・一室

爆笑しているヤナギ。
傍らに、血まみれの二つの遺体。
延長コードなどで、椅子？柱？に括りつけられた三人、エリカ（中年女性）、マンサク（中年男性）、アヤメ（若い女性）。
三人は、錯乱状態の一歩手前ほどに追い込まれ、激しい恐怖に怯えている。

ヤナギ「（爆笑しながらアヤメに）それ言っちゃいかん、医者がそれを言っちゃいかん（と、また爆笑）」

アヤメ「（どん底の恐怖に怯え、涙でグシャグシャだが、ヤナギに同調して媚びた笑いで）…はい」

ヤナギ「待って待って、えっと、何だっけ？患者が医者に？患者が医者に？」

アヤメ「（死ぬほど怯えながらも媚びて）『私、手術、初めてなので、不安です』」

ヤナギ「うん、患者が医者に『私、手術、初めてなので、不安です』と。患者が医者に『私、手術、初めてなので、不安です』と。そしたら？そしたら医者が？そしたら医者が？」

アヤメ「（怯えながらも媚びて）『大丈夫です。私もですから』」
被り気味にヤナギ、爆笑。

ヤナギ「それは言っちゃいかん、お医者さん、それは言っちゃいかん。傑作。笑える。それは笑える。それは笑える」

アヤメ「（地の底から激しくホッとする）」

ヤナギ「（エリカに）はい次、あなた」

エリカ「（泣き腫らして、もうグシャグシャになりながら）ないです！笑える話なんて、私、ないです‼」
最後まで言い切らないうちにヤナギ、エリカの顔をグシャと挟み潰す。即死。
絶叫と共に怯えるアヤメ、マンサ

ク。

ヤナギ　「(マンサクに) はい次、あなた」

マンサク　「(死ぬほど怯えながらも必死) …え～道端に、」

○軽トラ・車内

走る軽トラ。

運転するタケ。助手席のラン。

ラン　「(おずおずと) …あのォ」

タケ　「あ?」

ラン　「…私、自分で走った方が速いのですが」

タケ　「一緒に行けねぇだろ」

ラン　「一緒に行かなくてよいのでは?」

タケ　「(舌打ち)」

ラン　「…」

○アパート・一室

ヤナギ　「(マンサクに真剣に) …何が?」

マンサク　「(死ぬほどに怯えながら) …何、が?」

ヤナギ　「だから何が?」

マンサク　「(激しい恐怖で頭が混乱していて) …なに、が?」

ヤナギ　「だから、何が道端に落ちてたの?」

マンサク　「(怯えながら) あ、うんこです」

ヤナギ　「うんこね。うんこが落ちてたのね」

マンサク　「はい、うんこが落ちてました」

ヤナギ　「うんこがね?道端にね?」

マンサク　「はい、うんこが道端に落ちてました」

ヤナギ　「うん、それで?」

マンサク　「…で、そのうんこを、手で拾って、手で、うんこを、つかみながら、言いました」

ヤナギ　「…(真剣に聞いている)」

マンサク　「…『あぁ、踏まなくて良かった』」

ヤナギ　「…」

マンサク　「…(命が懸かった緊張)」

アヤメ　「…」

ヤナギ　「…良かったじゃん、踏まなくて」

マンサク　「(怯え)」

ヤナギ　「良かったよ、踏まなくて良かったよね？」

アヤメ　「（どう言っていいか分からず）」

マンサク　「（絶体絶命の窮地に、死ぬほど怯え）」

ヤナギ　「うん。良かったよ。踏まなくて。だって、うんこ、踏まないのは、いいことじゃん」

マンサク　「（究極の恐怖）」

ヤナギ　「え何？それ、どこが笑えるの？」

マンサク　「（命を懸けた必死さで）もう一つ!!もう一つありました!!」

ヤナギ　「…うん（と、聞く態勢に）」

マンサク　「…女『読書は好きですか？』、男『はい、読書は大好きです』、女『ロミオとジュリエットは読みましたか？』、男『はい。ロミオは読みましたが、ジュリエットはまだです』」

ヤナギ　「…」

マンサク　「…」

アヤメ　「…」

ヤナギ　「…早く、ジュリエット読まないと」

マンサク　「（どん底の恐怖）」

ヤナギ　「ジュリエット読まないと。ロミオ読んだら、当然ジュリエットも読まないと」

マンサク　「（恐怖）」

アヤメ　「（どうすることもできず）」

ヤナギ　「そんな、ロミオだけ読んで、ジュリエット読まないのは、ちょっと、いかんね」

マンサク　「（超絶に必死）ジュリエットは!!ないんです!!ロミオとジュリエットはあるんですが!!ロミオとジュリエットは!!一冊であって!!ロミオとジュリエットは!!決して二冊ではないんです!!」

ヤナギ　「（被せて）ちょちょちょ！」

マンサク　「…」

ヤナギ　「…（真剣に考え）」

アヤメ　「…」

マンサク　「…（分かってくれたか）」

ヤナギ　「…」

…と、ヤナギ、爆笑。

マンサク「(地の底から激しくホッとして)」
アヤメ「(も、激しくホッとして)」
ヤナギ「(爆笑)」
マンサク「(助かった)」

と、ヤナギ、マンサクの頭を叩き潰す。即死。

絶叫するアヤメ。

ヤナギ「(アヤメに) いや、思い出し笑い、思い出し笑い (と、また笑いそう)。そんな、医者が患者に『私も手術初めてです』は言っちゃいかんよね〜 (と、また爆笑するが突然) クッセェ!! こいつ、糞してんな〜」

などと言いつつ、アヤメの延長コードをほどく。

ヤナギ「(ほどきながら) いや〜笑えたよ。笑えた」
アヤメ「(助かった)」

ほどき終わり、

ヤナギ「…」
アヤメ「…」

ヤナギ、アヤメの首を手刀で撥ねる。

○軽トラ・車内

走る車内。

タケ「…今さらだけどな」
ラン「?…はい」
タケ「一人だけだぞ」
ラン「…」
タケ「ココを…出られるのは…一人だけだ」
ラン「…まぁでも」
タケ「なんだよ」
ラン「どうせ出る時、ないですもんね、記憶」
タケ「(ムスッとして) だから何だよ」
ラン「…いえ別に」

残念ながら実現に至っていない映画シナリオの「一部抜粋」です。「ヤナギ」を僕が演じるつもりで書きました。

第3章

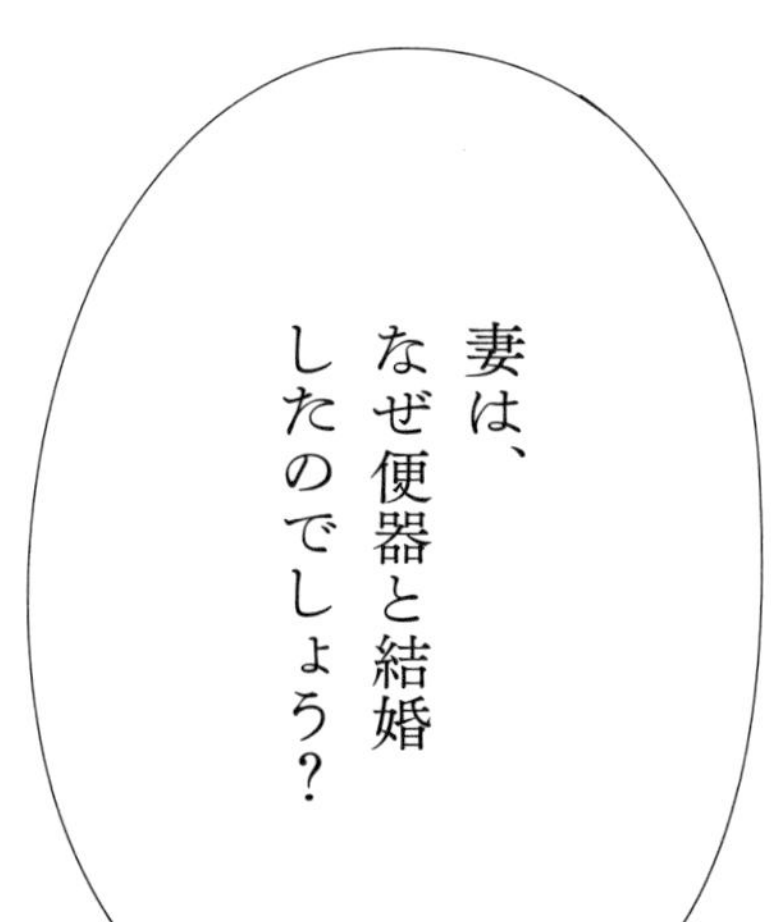

妻が喜ぶなら、僕は幾つでも「あ」と言おう

明けましたね、２０２０年。今年も精神年齢8歳の50歳児をどうかひとつ。

ツイッターにも書きましたが、新年早々、精神年齢8歳を実証するかのような出来事が佐藤家で勃発しました。

窓のヘリに左手の人さし指を引っ掛けてしまい、見ると爪から血が滲（にじ）んでいました。「ギャアアアアア爪があああああ爪から血があああああああああ」。激しく動転した僕は、すぐさま我が家のドラえもん（妻）に救済を仰ぎます。「お母さあああんお母さあああん爪からあああ爪から血があああああ早くううう一刻も早く処置ををををを」。

一方、妻は半笑い。というか、ほぼ笑っています。断っておきますが、決して妻を笑わせるために爪から血を滲ませた訳ではありません。妻は笑いを噛み殺しながら「……るっさい、うるっさい、絆創膏（ばんそうこう）貼っときゃ、こんなモンすぐ治る」。そう言って絆創膏を貼ってくれる妻に「だってえええええ血があああああああああ」と激しく

騒ぎ立てる僕。

あのですね。妻だけでなく、皆さんを笑わせるつもりもありません。皆さんを笑わせるために「爪があああ爪から血があああああ」とか書いてる訳ではありません。事実なのです。客観的に述懐して書いています。冷静に事実をありのまま書いています。妻の指摘通り、たった半日で治った左手でガラケーを握りながら書いています。

以前、自宅で旅行の準備をしている時、持ち上げたキャリーバッグが開いてしまい、せっかく詰めた荷物が全部出てしまったことがあります。こんな時、普通の大人なら、荷物が全部出てしまう前に瞬時にキャリーバッグの傾きを修正するなどして、被害を最小限に食い止めるものだと思います。しかし僕はこの時も、「あああああアアアアあああああアアアア」と騒いだだけ。ノーモア処置。ノーモアどころか、ただのノー。ノー対策。いわゆる、無策。完全に無策。一部始終を見ていた妻は半笑い。正確には爆笑。大爆笑。

これまた以前、洗面所で少しかがんだ瞬間、腰に痛みが走りました。「はうぅ！」と叫ぶ僕。「腰がああああ腰があああああああああ」。その声に駆けつける妻。「どうした？」「腰がああああかがんだら腰があああああああああ」。妻の第一声は「なんでそんな面白いこと私が見てないとこでするの！」。

ごめんなさい、涙で目が霞んできました。ガラケーの画面が霞んできました。僕は妻を笑わせるためにぎっくり腰になったのではありません。そして「今回の佐藤二朗、『あ』の乱用で文字数を稼ごうとしてるな」と思っているそこのアナタ。わりと正解。いやでもね、この病的なテンパリ癖、本当になんとかしたいと思っているのですよ。だって、良いこと、何もないんだもん。強いて言うなら、こうしてコラムが1個書けたことかな。あ、もう1つ良いことあった。妻が笑うこと。ふふ。なんだよ新年早々また惚気（のろけ）かよとなったところで、今年もひとつ、よろしく。

2020/01/19

取り方によっては下ネタに聞こえるしりとり

わたくし、ツイッターをやっておりますが、ツイッターは140字という字数制限がありますゆえ、今日のコラムは、ツイッターには書き切れなかったことや、後日談をば。

最近、こんなつぶやきをツイートしました。

〈某SAで何人かに「佐藤二朗さんですよね」と声をかけられた。勿論とても有り難い事だ。ただ、全員おじさんだった。4人全員おじさんだった。でも皆さん礼儀正しかった。ただ、全員おじさんだった。不満はない。むしろ嬉しい。いや嬉しくはない。ただ、皆さん礼儀正しかった。ただ、全員おじさんだった。〉

よくもまあ、単に4人のおじさんから話しかけられただけのことをダラダラ書いたものだと思いますが、実は、このサービスエリアには、非常に大衆的な、ザ・昭和な食堂がありまして、ちょうど昼飯を食べるために僕は立ち寄ったのですが、その時このサービスエリアには、おじさんしかいませんでした。運送業のおじさん、営業車に乗ったセールスマンのおじさん、俳優業を営むおじさん、あソレ俺か。とにかく、この時、このサービスエリアには！　おじさんしかいなかった！　おじさんしかいなかったんだよ！

なんということでしょう。「江戸のかたきを長崎で討つ」とはこのことです。違うか。「ツイッターのかたきを『AERA dot.』で討つ」です。まあ、勝手に自分で好きに書いたことを、勝手に自分で言い訳している感じですが、一応付け加えますと、その2日後、女子大生に話しかけられたよ。女子大生に。「好きです」って。女子大生に。このこともツイッターに書いたよ。だって黙っていられなかったから。女子大生に「好きです」って言われたこと、全人類に発信したかったから。妻を除く全人類にお届けしたかったから。ちなみにその女子大生、「おじさんばかりに話しかけられたツイート、見ましたよ。ふふ」と微笑んで去っていったので、完全に憐れみや同情で話しかけたと思われるよ。涙で前が見えないよ。

さあ、涙で景色が霞んだところで、別の日にはこんなつぶやきを書きました。

〈某女優さんと某メイクさん（女性）と「取り方によっては下ネタに聞こえるしりとり」をしてて、マンホール→留守中→馬→万力で順番が来たメイクさんが「亀頭！　直接的か～……亀甲縛り！　直接的か～…巨根！　あ、負けちゃった！」と言って現場に戻って行ったんだが、彼女は疲れが溜まってるだけと祈りたい。〉

担当K氏が頭を抱えているのが目に浮かぶようですが、このつぶやきにも後日談がありまして。

このツイートをした翌日、当該メイクさんから「リベンジしたい！」と申し出がありまして。血で血を洗うような熾烈なしりとりの模様をお伝えします。

当該メイクさんがダイレクティーなパワーワードしか思いつかなかった、因縁の「き」からしりとりはスタート。

「巨木！」。いきなりドヤ顔のメイクさん。負ける訳にはいきません。「クラゲ！」。満を持した僕の返しにメイクさん、しばし思案し、「……けん玉！」。メイクさん、だいぶ疲れが取れたようです。あるいは更に疲れが溜まっているようです。50歳の中年オヤジ、ここで引き下がる訳にはいきません。「……万華鏡！」。ごめんなさい僕も疲れが溜まっているようです。

ここで助監督から「二朗さん、出番です」と声が掛かり、休戦。この、人間の尊厳を賭けたしりとりの模様、また機会をみてお届けします。なに？　届けなくていい？　なんだよ今回のコラム、結局、俺はおじさんだと実証しただけじゃねえか。

2020/02/16

ナチュラルとリアル

先日放送した『99人の壁』で、絶叫マシーンに乗って、文字通り絶叫、いや、絶叫する余裕さえなく、ひたすら歯を食い縛ってる僕の姿を見た妻に、「君の顔、座布団みたい」と真顔で言われた佐藤二朗です。今まで妻は、僕の顔を、「弁当箱」「電話ボックス」「田んぼの畦道」「便器」と様々に形容してきましたので、座布団はまだ格上（？）の方です。しかし妻は、なぜ便器と結婚したのでしょう。

　それはいいとして、便器俳優は、今はひたすら、ドラマ『浦安鉄筋家族』（テレビ東京系列）の撮影中です。朝も早くから「ぎょえええええ！」「ずびいいいん！」「ニコオオオオ！」などと叫び、妻役の水野美紀からラリアットやらアイアンクローを喰らい、坂田利夫師匠の、もはや人知を超えた宇宙的ボケに翻弄され、娘役の岸井ゆきのに「うるせえエロ親父！」と言われ、息子役の本多力の股間に電気あんまをお見舞いし、逆に子役から電気あんまをお見舞いされ、いろんな人にハリセンをお見舞いし、いろんな人からハリセンをお見舞いされ、なんだかよく分かんないまま全身水浸しになり……まあ、なんというか、なんともいえない撮影が続いております。

　話は変わりますが、僕は芝居において、「ナチュラル」という言葉があまり好きではありません。もちろん作品の色合いによって、いわゆる「自然な演技」「ナチュラルな演技」が必要なことは多々あります。そして、それが出来ることは、俳優にとって重要で必要なスキルです。絶対に。

若い俳優さんが「やっぱり芝居はナチュラルじゃなきゃね」と言っているのを何度か耳にします。また、一般の方々の「〇〇さんの芝居はナチュラルだからいいよね」というご意見を拝見したりします。

もちろん、その意見に異論はないのですが、実はナチュラルな芝居は、並大抵の技術と感覚ではできません。なんとなーく小さい声で小さい動きで成り立つものではない。重要なのは、そこに「見るべきもの」があるかどうか。私見ですが、木村拓哉さんや浅野忠信さん、先達でいえば高倉健さんや渥美清さんのような（他にも数多いらっしゃると思う）、金を取る価値のあるナチュラルな芝居が出来る俳優たちには、尋常でないスーパーとてつもなく高いレベルの技術や感性と、鉄も溶かすような熱量が備わっていると思うのです。その、ちょっと容易に言葉にはできないくらいの凄味と、「ナチュラル」と軽く使われがちな印象が、あまりにかけ離れてるのが、僕がこの言葉を好きになれない理由だと思います。

同じような理由で「リアル」という言葉も僕はあまり好きではありません。もちろん、リアルな芝居をすることは、俳優の必須科目です。ですが、正直に言いますが、このリアルという言葉も、随分と軽々しく使われている印象を持ちます。ちなみに僕はいろんな取材で、「かも」を大事にしている、と言っています。こんな人がいる「かも」。こういう時に人はこうなる「かも」、こう言う「かも」、こう動く「かも」。リアルの先に潜むものを諦めずに執拗に掴み取り、リアルの奥にあるものを演じたいと思っています。

そして言うまでもありませんが、激怒したり、泣き叫んだり、発狂したりするのも俳優です。思いきり前のめりになった時にどんな芝居が出来るのかも俳優にとってものすごく大切な要素になってきます。逆に、何もせず、ただそこに居るのも俳優です。何もしない芝居も、前のめりな芝居同様、高い感性が必要になってきます。

これらは一言でいうと、「作品の色合い」によって、俳優は変わりますし、変わるべきだと思います。ナチュラルでもデフォルメでも（デフォルメにも匙加減はほぼ無限にある）、とことんエンタメな作品でも文芸作品でも、その作風や演出に寄り添った上で、作品の一素材として、「見るべきもの」を提示する。俳優はそれが出来なければいけないと思うし、僕もそれを目指したいと思っています。

そんなつもりは全然なかったのに、途中から急に真面目な話になってしまいました。まあ、とにかく、ドラマ『浦安鉄筋家族』、監督した映画『はるヲうるひと』、観てね。

2020/03/15

転がす人と、転がる人

「人を手のひらで転がすのが上手い人」と「人の手のひらで転がるのが上手い人」の2種類だとしたら、僕は間違いなく後者だと思います。大好きだもの、人の手のひらで転がるの。ぐるんぐるん転がりまっせ〜人の手のひらで。

まあ、僕界隈で言うと、基本的に役者は後者で、プロデューサーや監督は前者だと思いますが、もうすぐ51歳になる僕は、本当に最近、人の手のひらで転がるのが楽しくなってます。

いま撮影真っただ中の『浦安鉄筋家族』では、存分に人の手のひらで転がりまくってます。

原作の浜岡賢次さんはもちろんのこと、『おっさんずラブ』も監督した瑠東東一郎、脚本を手掛けるヨーロッパ企画の上田誠、これがドラマ初プロデュースとなる弱冠27歳の藤田絵里花、みんなの手のひらで転がりまくっております。

それどころか、共演者の手のひらでも転がってます。特に妻役の水野美紀のコメディーセンスが抜群で、さらには美紀ちゃんはアイデアも豊富に出してくれるので、もう僕は水野美紀に乗っかりまくって委ねまくって転がりまくってます。

しかし、まあ思い起こしてみますと、「刑事B」とか「課長3」とかの役を多くやってた30代の頃は、転がる余裕もなかった気がします。とにかく世の中に出ねば、俺の面白さを皆さんに分かってもらわねば、ということに躍起になってたような気がします。

もちろん、その躍起になっていた部分は、今も時に必要ではあります。半ば強引であっても、自分で点を取りに行くみたいなことは、必要な素養だと思っています。

ただ、いつからか、共演者やスタッフから「貰（もら）う」方が楽だし、単純に愉しいと思えるようになりました。もちろん、一口に「貰う」といっても、良い貰い方、悪い貰い方があるので、貰うにも本人の感性が大事になってきますが。

わちゃちゃちゃ。前回に続き、また真面目風味な話になっちゃった。風味ってなんだ。根が真面目なんだよ俺は。そしてホント、現在撮影真っただ中で、芝居以外で書くこと思いつかんのよ。

まあ、考えてみると、25年間、僕は妻の手のひらで転がっております。人の手のひらで転がるのはお手のものです。浦安鉄筋家族、（２０２０年）4月10日から放送スタートです。転がりまくる僕を、どうぞお楽しみくださいね。

2020/03/29

こんなときこそ息子と相撲

……まあ……それは……ふぅ……しかし……ふぅ……ここは1つ……ふぅ……徐々にでも……ふぅ……いや、でも、こういう時にこそ……ふぅ。

点の数で文字数を稼ごうという意図などあるはずもないはずもないが、とにかく現在の僕の心境は、こんな感じである。

監督した映画『はるヲうるひと』の公開が延期になったのをはじめ、次から次に、手帳の仕事の予定を消す日々。もはや、消し疲れというか、消すのにも飽きたくらい、山のように消している。

撮影が延期になった作品もたくさんあるが、いつ撮影が再開してもいいように台詞(せりふ)を覚えようとするも、どうにもモチベーションが上がり切らない。

8歳の息子や、妻と、長い時間一緒にいられるようになったのはいいが、さすがに妻や息子も、在宅疲れ気味。

ただ、僕なんかはまだ、家族がいる分、救われていると思う。1人暮らしの方々は大変だろう。

僕の友人で、「私は孤独に強い体質」と言っていた人がいるが、つくづく、人は人と繋がらなければ生きていけない生き物だと思う。そして、孤独とか繋がりなどと悠長なことを言ってる場合ではない方々も多いだろう。

個人で居酒屋をやっている友人から先ほどメールが来た。

「今日から1週間、閉店します」

「お互い、踏ん張ろう」と返信すると、すぐさま「コロナ、バカヤロー！」とのメール。

「うん。その意気だ」と返信すると、「いまベロベロです」。昼の3時。気持ちは分かる。

いや、ちょっと待て。ここまで書き進めて、いま気づいた。常にノープランで書き進めるのが俺のメソッドゆえ（↑そんな大層なものでは無論ない）、たった今、気づいた。

世間様がネガティブ方向な状況の時、俺みたいな輩がネガティブなことを書いてどうするんだ。こんなことでは世間様に申し訳が立たない。

言っとくが、俺の足は大きい。30〜32センチだ（メーカーによって多少の幅があるのだ）。俺の靴は、靴というより、ほぼ小舟だ。生まれた時の体重が4250キログラムだった俺は、あ、間違えた、キログラムではない。グラムだ。４２５０キログラムもあったら、それはもう人ではない。なんだろう。島だ。島はもう少し重いか。もう何が書きたいのか忘れちゃったじゃないか。

書くことを忘れたついでに書くが、俺は顔の彫りの浅さにも定評がある。浅いにも程がある。壁だ。壁俳優と呼んで頂いても結構だ。嘘。やだ。やめて。壁俳優、わりと繊細なの。傷つくからやめて。

ネガティブな状況だからこそ、明るいことを書こうと思ったら、己の身体のネガティブを披露してしまった訳だが、実際、もちろん大変な状況であるのは間違いないし、ほとんどネガティブに囲まれてると言ってもいいかもしれないが、ネガティブなことオンリーという訳でもない気がする。

これを機に「何もしない贅沢を味わおう」と、誰かが言っていたが、その通りかもしれない。いや応なしに家にいなければいけない、こんな状態は50年の人生で初めてだ。この体験を味わってやる、くらいの気概も必要かもしれない（もちろん、そんな悠長なことを言っている場合でない方々もいることは百も承知だが）。

最近、息子と相撲をやるのが流行っている。あまりウジウジせず、これを書き終わったら、息子と相撲を取ろう。４２５０キログラムの父を倒すのは容易ではないだろうが。

2020/04/12

僕がウンコになった日

今、この原稿を書いているのは2020年4月24日、金曜日。

この日に、なんとも劇的な、ドラマチックなことが起こりました。近くの公園に3密を避けながら縄跳びをしに行く以外、ずーと家の中にいる僕に、僕史に燦然と刻まれるであろう、エポックメイキングな大事件が起きたのです。

その日は朝8時に起きました。いつものように妻お手製の野菜スープを飲み、軽い運動を室内でしたあと、ふとエゴサーチをしてみました。すると、こんな文が。

「何を言っているか分からないと思うが、朝から佐藤二朗がウンチになって流れてくる番組を見ました」

ホントに何を言っているのか分からない。そんな番組はない。きっとない。「僕がウンチになって流れる」？　そんなのはテレビで流す内容ではない。今、ウンチで「流れる」とテレビで「流す」を掛けてみた訳だがそんなことを言っている場合ではない。大体、妻子ある50男が、なぜにウンチにならねばならぬのか。

しかし、さらにこんな文が。

「佐藤二朗が、う○ちとトイレットペーパーになって下水道流れてる（笑）。役者ってすごいなぁ」

すごくない。全然すごくない。すごいなんて思われたくないからウンチになって下水道流れたくない。「（笑）」もやめてほしい。笑い事ではない。あと、ウンチだけでなく、トイレットペーパーにも？　新たな情報キャッチ。キャッチとか言ってる場合ではない。なんだ？　一体何が起きてるんだ？

しかし佐藤二朗ウンチ説を唱えるツイートは枚挙にいとまがない。他にも、

「排泄物を演じる佐藤二朗氏」

演じたくない。演じられるものでもない。あと、「氏」つけるのやめて。この話題で氏つけるの、なんとなくやめて。

「佐藤二朗がウンコとして流れていくEテレ。素晴らしいセンス」

Eテレ？　……Eテレ……そうか！　あの番組か！　今朝が放送だったか！

「ウンコで流される佐藤二朗は朝からパンチあるなあ」

あるだろう。パンチ、そりゃあるだろう。むしろパンチしかないだろう。

「子どもたちを起こすのにEテレ見せようと思ったら、カロリー高めの佐藤二朗さんだったのでお母さんの方が目が覚めました」

おはよう、お母さん。朝から高カロリー。ごめんね。

思い出した。確かに俺、なった。ウンコになった。50男、ウンコになってました。Eテレの『マチスコープ』という番組。街の不思議を解き明かす番組。単発で放送していたが、毎月最終金曜放送でレギュラー化した（2023年6月時点では毎週金曜放送）。レギュラー化一発目に、俺をウンチにして下水道に流すとは、Eテレのアグレッシブな姿勢には感服するしかない。

家庭から下水に流される排泄物は、川に流れ出るまでに、どのように浄化されるのか。水再生センターというところで、なんと微生物が排泄物の汚れを食べて分解し、水をキレイにするのだ、そうだ。

なるほど勉強になる内容だ。その番組で僕は排泄物を演じた。はっきり言えば、ウンチを演じた。演じきった。8歳の息子よ。お父さんは頑張ってるんだよ。ちなみに番組を観た息子は、大爆笑。ウンチを演じる父を見て大爆笑。そりゃそうだわな。見逃した方、てか俺としては見逃してくれと言いたいところだが、（２０２０年）５月１日金曜日の朝７時10分まで、ＮＨＫプラスの見逃し配信でご覧頂けます。

さて、宣伝もしたことだし、今回のコラム、これで結んでもいいんだが、話はこれで終わらない。

なんと、朝７時にＥテレで、僕がウンチとなり下水道を颯爽と（颯爽ではない）流れた、その日の深夜０時12分。僕主演でお届けしているドラマ『浦安鉄筋家族』の最後というか、締めの部分が、ウンコなのだ。それはもう、ウンコ一色なのだ。つまり、４月24日という日は、日本列島が「ウンコ佐藤二朗」で始まり、「ウンコ佐藤二朗」で終わるという、まさに俺にとって黄金の金字塔、ウンコだけに黄金の、やめよう。これ以上はやめよう。怒られる。

まあ、ウンコというものは、昔も今も、子どもたちのアイドル（そうか？）、そして全ての人がかつて子どもだった訳で、このご時世に、アイドルの力を借りて皆様に笑顔をお届けできたなら、体を張った甲斐もございます。

2020/04/26

妻は「無責任散髪」がお好き

巣ごもり期間も、いよいよ2カ月近くになってまいりました。皆さん、いかがお過ごしでしょうか。佐藤二朗でございます。

本当にこんなことを言うのは今更なんですが、僕の顔は大きいんですね。ええ。すごく大きいんです。なので、僕の顔の大きさに見合うマスクがなかなかなく、それゆえにマスクをする習慣がほぼ皆無だった僕が、この2カ月弱の間は、外出する時は百パー、マスク。近眼の僕は普段はメガネなのですが、マスクをしてメガネだとメガネがくもりがちなので、わざわざコンタクトレンズにしてまでマスク。あんなにマスクをするのが苦手だった自分に、ここまでマスクをする習慣が身につくとは思いもよりませんでした。人生、本当に何が起きるか分かりませんね。ええ。もちろん顔の大きさは相変わらずです。顔は大きいままです。当たり前だろ馬鹿野郎。

さて、理不尽にキレたところで、この2カ月弱、巣ごもり期間により起きた変化を軽くおさらいしてみましょう。

まず、髪が伸びました。ヒゲも伸びました。どちらも伸び放題です。僕の妻は、僕の耳掘りが大好きで、「あ〜あ、君の耳が五つくらいあったらいいのに」と無茶な要求を真顔でしてきた話は佐藤家ではあまりに有名ですが、どうやら人の髪を無責任に切ることも好きらしく、ここ最近、僕の伸びきった髪を見つめながら、妻の目はランランとしています。鈴木蘭々(すずきらんらん)です。そんなことを言っている場合ではありません。半ば恍惚(こうこつ)とした表情で僕の頭髪を見つめてきます。

しかし、こちとら一応は人前に出ることを生業にしておりますから、無責任に切られてはたまったものではありません。背に腹は代えられません。代わりの餌食として、息子（８）を差し出しました。大丈夫だ、息子よ。君はまだ小学生だ。母親に散髪され、前髪がパツンパツンになるのは、小学生の定番メニューだ。大人の階段を昇る通過儀礼だ。

無責任な理屈で息子を差し出した結果、やはり前髪を切られ過ぎた息子は、その後しばらく「前髪がな〜、切り過ぎなんだよな〜前髪」と不満を表明しておりました。しかし妻は諦める様子なく、この原稿を書いている（２０２０年）５月22日現在、まだ、例の鈴木蘭々な目で僕の頭髪を見つめてきます。先日は「みんな〜、ハサミとバリカン、買ったからね〜」と、誰も頼んでいない買い物を告知しておりました。妻との攻防は、まだしばらく続きそうです。

そんな巣ごもり期間でも、怪我の功名と申しましょうか、良きことがあります。それは、前言と矛盾するようですが、やはり、妻と息子と長く一緒にいられることです。もちろんそれは、良いことばかりではなく、妻との小さい口喧嘩や、学校が休み中の息子になんとか勉強をやらせようとして、ただ僕も子供の時そうだったように、親の「勉強しなさい」という音は、聞こえない構造に子供の耳はなっているらしく、親と子の小さい攻防があったりして、それなりに騒がしい日々を過ごしています。

そして、公開延期になっている僕の2度目の監督作、映画『はるヲうるひと』(近日公開予定←ちゃっかり宣伝挿入)に続いて、3度目の監督作を目論む映画の脚本を、この巣ごもり期間に書いています。誰かに「書いてくれ」と頼まれたわけでもなく、ただ僕がどうしても映画にしたいと思って書き始めたおはなしで、入り口も出口もなぁんにも決まっていない状態での執筆ですが、こう言っちゃなんだが、すげえ作品になると思うぜ。脱稿したら、映画にすべく何人かにお読み頂くので、お心当たりのプロデューサー各位、前向きによろぴく。

さて、宣伝どころか営業まで挿入してしまったわけだが、とにかく、この巣ごもり期間、今だからできること、今しかやれないことをすべく、日々を格闘しておるわけでございます。皆さまにおかれましては、どうか、僕の「勉強しなさい」という音が息子の耳に届くことと、僕の頭髪の無事を、お祈り頂ければと思います。

2020/05/24

「おかあさんって、おけしょうしないと、おじさん」

はい。再び始まっております。ドラマ『浦安鉄筋家族』の撮影。3ヵ月近く、中断を余儀なくされておりましたが、スタッフ・キャスト再び結集して、日々撮影に勤しんでおります。もうしばし、放送の日をお待ち頂ければと思います。その時は、心の中は満面の笑みで、精いっぱいの「くだらねぇ」を皆さんにお届けするつもりです。

さてさて。かつて爆発的なオモシロ発言をしていた息子も今では8歳になり、さすがに最近は昔のような宇宙的破壊的発言は少なくなりました。まあ当たり前といえば当たり前で、親としては無事に成長している喜びと安心が9割、ちょっとだけ寂しい気持ちが1割という感じです。ま、いつまでも宇宙的破壊的発言をされたら、こちらの身も持ちませんが。

そんな訳で、かつての息子のトンデモ発言をちょっとだけ振り返ります。なんというか、備忘録代わりに。

「あしたのようちえん、たのしかったよ」

いきなり来ました。この時の息子は、一体どこの時空にいたんでしょう。

「うんちとシッコをたべたら〜おチンチン〜」

定番です。もはやベタと言ってもいいでしょう。三役揃い踏みの贅沢発言。

「ウンコとおなじにおいはどれでしょう？　(1) ウンコ (2) おしっこ (3) おとうさん」

容赦なしです。父の人間の尊厳を踏みにじる発言。一時期このような三択クイズがブームだったようで他にはこんな発言も。

「おとうさんは、なんでしょう？　(1) にんげん (2) おとこ (3) ぶさいく」

いま思い出しても涙で眼前が霞みます。霞んだ景色と「全部、正解だよ」と力なく答えたことを覚えています。

続いては、家族で蕎麦屋に行き、蕎麦はもちろん、だし巻き玉子や天ぷらなど色々食べて、レジでお勘定する時に店員さんの前で「何が一番美味しかった？」と聞いた時の発言。

「みず！」

もうね、店員さんの前で子供に感想を聞くのはタブーと学びました。

「おかあさんって、おけしょうしないと、おじさんみたいなかおだね」

まさに爆弾発言。なんなら爆弾。爆弾そのもの。佐藤家に突然投下された理不尽な爆弾。

最後にこんな発言を。

「しょうわいちねんに、きょうりゅう、いた？」

いやはや。ウチの息子に限らず、ホント子供ってすごい発言をするものです。そんな息子は最近では「あつ森」で妙な魚を釣ったりしております。ま、今後も成長を見守りつつ、宇宙的破壊的発言でかつて僕と妻を大いに癒やしてくれたことの感謝は、なるべくずっと覚えていようと思っています。

2020/07/05

「あれカツラじゃね？」

いま気づきました。

僕、ドラマや映画に出るようになったのが31歳からなのですが、現在、僕の年齢は51歳。そう。僕、今年（2020年）、デビュー20周年なのです。

それを記念して、「佐藤二朗全国リサイタルツアー」を敢行したいと思うわけないだろう馬鹿野郎。

おっとごめんなさい突如として汚い言葉が。大体、「デビュー」という言葉がこれほど似つかわしくない人もいないでしょうし、「リサイタル」という言葉に至っては意味も分からず雰囲気で使ってしまいましたごめんなさい。

20周年を誰も祝ってくれないので、ちなみに先ほど妻に「お！　すごいこと気づいちゃった！　俺、今年、俳優20周年だ！」と言ったら「ふーん」と言われました。そもそも当の本人さえ今年も8月になってようやく気づいたんです。7分ほど前にようやく気づいたんです。だからせめて、このコラムで少しだけ、20年を振り返ろうと思います。

暑さに弱く寒さに弱いという面倒体質で名を馳せた僕ですから、まず、この20年で一番暑かった作品から。

それは、映画『幸福のアリバイ～Picture～』（２０１６年）です。撮影は真夏の古い日本家屋で行われました。空調なし。繰り返します。空調なし。そして、設定は、お葬式。喪服。繰り返します。喪服。さらに撮影は日中に行われたのですが、設定は夜なので、窓という窓に暗幕を張り、風通しナッシング（あ、４年前の作品ですからね。もちろん新型コロナの前ですからね）。

もう暑いなんてもんじゃない。ただでさえ汗っかきの僕は、もはや人というよりはほぼ汗。人が台詞しゃべってるんじゃなくて汗が台詞しゃべってる感じ。どんな感じだ。「役者だけに暑い思いをさせるわけにはいかない！」と颯爽とジャケットを羽織った監督の陣内孝則さんも開始12分後にはジャケットを脱いでおりました。とにかく暑かった。

次は一番寒かった作品。それは映画『大洗にも星はふるなり』（福田雄一監督、２００９年）。

撮影は、真冬の大洗海岸。しかし設定は夏。繰り返します。設定は夏。僕の衣装、アロハに短パン。繰り返、いや繰り返すと泣きそうになるのでやめますがやはり繰り返します。アロハに短パン。さらに、いいですか、驚かないでください。なんと……雨ふらし（ドラマや映画で人工的に雨を降らせること）。

もうね、死ぬかと思いました。精神的にはほぼ死んでました。やっと撮影が終わり暖まろうと思ったら監督の福田雄一から「二朗さんのヨリがあとワンカットあります！」と言われ、あのですね、ヨリを撮ってもらうのは役者としてはありがたいことなんです。僕なんかヨリを撮ってもらうのに数年掛かったんです。その僕が初めてその時叫びました。

「ヨリはいらねえ！」

最後に、最も役のハードルが高かった作品。これは2作品挙げさせてください。1つはドラマ『レガッタ〜君といた永遠〜』（テレビ朝日系列）、もう1つはドラマ『夜王』（TBS系列）。

『レガッタ』の撮影当時、僕は37歳。で、その僕の役、大学生。大丈夫ですか？気を失ってませんか？　気を失った人のためにもう一度言いますね。37歳の僕の役、大学生。

確か、8回浪人して、7回留年して……みたいな設定だったと思います。親泣かせです。てか僕泣かせです。プロデューサー中込卓也（なかごめたくや）の「佐藤二朗に年齢は関係ない」という言葉を今も覚えています。

そして『夜王』。僕の役、ホスト。大丈夫ですか？　吐いてませんか？　ちょっ、なんでそこまで卑下しなきゃいけないんだ。でも少なくとも俺は吐きそう。あまりの役のハードルの高さを思い出し、吐きそう。

この時はホストの役のために、僕史上、最も髪を長く伸ばしたんです。で、襟足をメークさんにクリンクリンにしてもらったりしたんです。なのに世間様から「あれ、カツラじゃね？」って言われたんです。なんなら妻からも「あぁ、それ地毛だったのか」と言われたんです。ごめん、泣きそう。吐く前に泣きそう。

かように少し振り返っただけでも、本当にいろんな作品や役をやらせてもらいました。まだまだこれからも皆さんを笑わせたり驚かせたり唸らせたりして心動かしたい。デビュー20年以降も、ひとつよろしく。

2020/08/02

暗黒の20代

「ええ、もちろん。下積み時代も良き思い出です」

テレビ画面に、そう答えた落語家さんが映っている。心底うらやましいと思う。僕なんか正直思い出したくもない。「暗黒の20代」と僕はよくそう言っているが、暗くて冷たい澱にずっと閉じ込められているような感覚だった。

ただ最近、ふと思う。僕は、こう、なんというか、幸せを感じるハードルが全体的にわりと低い。夕方、息子と手をつないで近所のスーパーに買い物に行くだけで、わりと充分な幸せを感じる。オレンジ色の空を息子と眺めながら、「あぁ、もうこれでいいな」……いや、いくない、いくない。そんな老成したことを言うような歳でもない。もちろん、向上したいとか、貪欲なところもある。しかし、些細なことで幸せを感じるのは、「暗黒の20代」があったからかもしれない。そしてその20代の時に知り合い、今も大事にしている人が何人もいる。

当コラムで前にも書いたように、映像で俳優をやり出して僕は今年で20年だ。ここはひとつ、下積み時代を遠慮なく思い出してみよう。遠慮なく、下積み時代を自慢してみよう。もうね。とにかく、金がなかったマジで。マジでマジでマジで。当時一緒に住んでいた彼女（今の妻）から「食費、交通費含め、これでなんとかしのげ」と1日1500円を財布に入れられた。バイトを終えて当時の最寄り駅を降りると、逆さにしたビールケースを椅子代わりにしてるような大衆居酒屋があったが、そこで呑むのが夢だった。家路につく僕の財布はいつも残りは数百円で、たとえ安く呑める赤提灯だって敷居がとんでもなく高かった。

当時住んでいた、いわゆるボロアパートには当たり前のように風呂がなかった。エアコンもない。お湯も出ない。芝居の稽古で夜遅くなったら一大事。近くの銭湯が深夜1時までだったから、それに間に合わなければその日は風呂に入れない。ちなみにその銭湯は、毎日必ず「次の定休日は○月○日ですぅ～」としつこいくらいに言う、いつもニコニコしているご高齢の女将さんが番台だったのだが、そんなことはいいんだが、とにかくその銭湯の営業時間に間に合わなかったら一大事。冬ならまだしも、ただでさえ汗っかきの僕だから真夏は大変。エアコンないし。

ちょ、ごめん、書いてる途中だが、いま気づいた。下積み時代を自慢してみようと思って書いていたが、皆さまにお読み頂く価値、ないね、コレ。そして俺が20代を「暗黒」と言うのは、右記のごとき風呂なしアパートとか1日1500円とか、そういうこっちゃないわ。

自分が自分の望むナニかになれるか、その不安で、はち切れんばかりになってたんだわ。いや、もちろんその不安はまさに「暗黒」なのだけれども、そして風呂なしアパートや1日1500円はその不安に拍車をかけたかもしれんけど、中枢にあったのは、暗くて冷たい澱の正体は、そういう物理的なことじゃなかったんだわ。

「俺はホントに俳優になれるんかいな。マジで。マジでマジでマジで」

コレだったんだわ。コレに尽きるんだわ。いや～ごめんなさい、いま気づきました。ホント、当コラムはいろんなことに気づかせてくれますなあ。あはははははは。

笑い事ではない。何を勝手に書き始めて何を勝手に合点がいっておるとお思いだろう。しかし僕には大切な「気づき」だ。

数年前、ある銭湯に息子と行った。その銭湯には猫の額ほどの小さな露天風呂があり、そこに息子と一緒に入った。そこから見える空を見上げながら息子に言った。

「お母さんと知り合った頃、お父さん、毎日このお風呂に入って、毎日この空を見上げてたんだよ」

「ふ～ん」。息子は、ただ、聞いている。

「その時、お父さんもお母さんも若くてさ、いろんなことがうまくいかなくて、毎日この空を見上げながら、なにくそ！　なにくそ！って思ってたんだよ」

スーパーの帰りに手をつないで見るのと同じ、オレンジ色の空を見上げながらそんな話を息子にした。

悦に入った父からそんな話を聞かされた息子はいい迷惑だったかもしれない。すでにそんな話を聞いたことも覚えてないかもしれない。

でも、これは何度でも息子に自信を持って言える。

うまくいかないことばかりでも、前を向いて、空を見上げて生きなさい。

その銭湯の帰り、僕と息子に、番台さんがニコニコしながら言った。「次の定休日は○月○日ですぅ〜」。「また来ます。息子を連れて」と僕は答えた。

よし。今度から、胸を張って、こう答えることにしよう。

「ええ、もちろん。下積み時代も良き思い出です」

2020/08/30

俺のまぶたは一重じゃない

目細である。

いや、そんな、何を今さらとお思いだろう。ある朝、妻から、「うわっ、ビックリした〜。君、すごく目が細いね」と驚かれたことがある。20年以上一緒に住んでて、なぜにその朝それほどまでに驚いたかはいまだに謎だが、長年連れ添う妻をビックリさせるほどの目の細さとはいったい……。

昔、2時間ドラマの監督から、「二朗！　目を開けろ！」と言われ、「開いてます！」と答えたことがある。だって開いてたんだもの。目、開いてたんだもの。

オクテの僕がようやく色気づいた高校生のころ、この目細は本当にコンプレックスだった。二重（ふたえ）にするためまぶたにマジックで線を引くなんてばかみたいなことをわりと本気で考えたりした。パッチリ二重まぶたの人には、憧れなんて生ぬるい感情ではなく、激しい嫉妬、いや、ほとんど憎悪を抱いていた。

あ、ちなみにですね。わりと最近気づいたんですけど、僕、完全な一重まぶたではなく、一応、奥二重なんです。うっすら、本当にうっすらですが、線が入ってるんです。マジックで書いたんじゃないですよ。うっすら線がね、入ってるんです。どのくらいうっすらかというと、ほとんど肉眼で確認するのは困難なくらいうっすらです。それはもう、ないのと同じじゃないかと思われるかもしれませんが、本当にうっすら入ってるんです、線。信じる信じないはお任せしますが、きっと信じる心を持った人には見えると思います、線。

なぜにまるで都市伝説を真実と説得するかのような口調にならねばならんのだと自分でも悲しくなるが、実は目細以外にも、僕には昔からコンプレックスがあった。

まず顔がデカイ。高校の集合写真で、隣の男子生徒より肩の高さは低いのに身長は僕の方が高い。逆転だ。顔のデカさで劇的な逆転勝利をおさめたのだ。あるいは劇的な逆転負けを喫したのだ。

あと、顔が白い。なので緊張するとすぐ顔が赤くなる。これがもう恥ずかしくて仕方なかった。親から「色白は七難隠す」と慰められても、やはり色白はコンプレックスでしかなかった。あと歯並びが悪い。これも自分をとんでもなく卑屈にさせた。だから、本当に人前で話すのは苦手だった。

ホンマかいなと思われるかもしれない。でも本当に、ごく最近まで、人前で話すことは苦でしかなかった。いや、今でも多少は苦であるが、最近「あれ？」と思った。

たまたま、対談する番組が続いた。テレビで石橋貴明さんと。ネット配信で稲垣吾郎さん、草彅剛さん、香取慎吾くんと。ラジオで大泉洋くんと。

その時、思った。「あれ？　俺、話すの楽しいかも」と。

もちろん右記の方々が聞き上手で、波長が合う、ということもあるだろう。ただ、昔、感じていた数々のコンプレックスが自分の中でいつしか「どうでもいいや」と思えていることに気づいた。

もちろん、たとえば顔のデカさは、むしろネタになったり、歯並びの悪さは、映画『20

世紀少年─第2章─最後の希望』（2009年）でライフルを般若のような顔で構えるシーンで監督の堤幸彦氏から「歯並びの悪さが逆に良いね」と言われたり、そういうことが影響してるかもしれない。

しかしやはり、僕自身が僕自身のコンプレックスを「どうでもいいや」と思えたことが大きいのではないかと思う。「武器にする」とまでポジティブにはなれないまでも、「どうでもいいや」と。

なんだよ歳取って投げやりになって鈍感になってるだけじゃねえか、とお思いの諸兄。その通りかもしれん。ただ、時には、投げやりも鈍感も、力に変えられることがあるのかもしれんよ。

と、まあ、最後なんとなくもっともらしい結びにしてみたわけだが、皆さんにこれだけは強く言っておきたい。

俺は奥二重だ。

2020/09/13

方向音痴俳優

方向音痴である。

それはもう、生粋の方向音痴である。歳を取り、老眼とともに俺の方向音痴はまるで止まる気配がない。むしろ加速している感さえある。もう、なんだろう、「方向音痴俳優」と呼んでもらっても構わない。いや嘘。構う。なんか嫌だ、方向音痴俳優。そんなどうでもいいネーミング問題で字数を割いている場合ではない。一刻の猶予もないほどに深刻な方向音痴なのだ。

地図が読めない。東西南北という概念がほぼ、ない。だから「その店を背にして東に200メートルくらい行くと……」などと説明されると、「うるさい馬鹿野郎」と理不尽にも程がある、というか、ほとんど「お前の母ちゃん出べそ～」的なことを言いたくなる。場所を説明してるだけなのに実母を貶（おとし）められるなんて理不尽極まりない。でもそうなのだ。なんだ東西南北って。おととい来やがれと言いたい。

東西南北もいきなり逆ギレされたのではたまったもんでもなかろうが、たとえば車で行く場所はすべてカーナビ頼み。カーナビ大好き。もはや、カーナビ依存症。カーナビから聞こえてくる音声ガイドの女性の声ってたまに艶があるよね。そんなことはいいんだよ。ちょっとでも気を抜くと盛大に話が逸れていくのは当コラムのいつものことだが、今日は俺の方向音痴ぶりを熱く語りたい。

いやホントね、道が覚えられないんです。特に口頭で場所を説明されて覚えられたためしがない。近所の八百屋の場所を妻に口で説明され、どうしても覚えられないので紙に行き方の地図を書いてもらい、その紙を見ながらようやく八百屋に辿りつく。なんだ。「はじめてのおつかい」か。あれは子供のけなげさが涙を誘うが、51歳のオッサンが紙に書かれた地図を見て近所の八百屋に行くとなると、別の意味で涙を誘う。

ロケ場所で、撮影場所から控室に戻れない。近所どころか、2回くらい角を曲がれば辿りつくのにそれが分からない。若いスタッフに「え……嘘でしょ……」とものすごく小さい声で言われたことがある。思わず口に出てしまったという感じで。そのあと、その若いスタッフは憐憫と慈愛に満ちた顔で、オジサンを控室にいざなってくれた。51歳の迷子を優しくあやすように控室まで案内してくれた。角を2つ曲がって。「ホラ、もう着いたでしょ」って。もはや涙さえ出ない。枯れた。俺の涙はもはや枯れ果てた。

しかし俺、よく営業で外回りできてたな。20代のころ、僕、小さい広告代理店で営業やってたんす。毎日外回りで、新規のお客さん含め、営業先をあっちこっち飛び回ってたんす。あの時はカーナビもなかった。てか、カブ（よく営業で使われるオートバイの一種ですな）で営業先を回っていた。地図を頼りに。

待てよ。俺は別に地図が読めないわけではないのかもしれない。現に20代のころは地図を頼りに営業先を飛び回っていたのだ。そうか。甘えているのだ。現代の便利さにあぐらをかいてしまっているのだ。ここはひとつ、奮起しようじゃないか。50を過ぎてから克服することがあったっていいじゃないか。ようし。どんと来い、東西南北。

……え？　何？　現代の便利さにあぐらをかいてるんじゃなく、現代の便利さを活用できてないだけ？　Googleマップとかあるでしょ？　……ちょ、ちょ待て、読者諸兄よ。最近少しずつデジタラーの道を歩みつつある俺だが、まだその速度は牛歩並みだ。いきなりそんな最先端テクノロジーを導入するのは俺にはちとハードルが高い。うん、だから、あのォ、アレだね、まずはアレです、角を2つくらいは曲がれるようにしますです。

2020/10/11

稽古期間中の惨劇

はい。連日稽古中です。

ミュージカル『プロデューサーズ』（メル・ブルックス／トーマス・ミーハン脚本、福田雄一演出）、連日、稽古中でございます。もはや何も言いますまい。稽古場はもちろん、移動の車内、帰宅後も風呂に入りながら、息子の宿題をみながら、晩酌をしながら（※酒量抑えめ）、歯を磨きながら、妻にチューーを断られながら（※ほぼ日課）、果ては布団に入ってからも、わたくしの頭の中は、現在ミュージカル一色でございます。妻にチューーをせがんでる時点で一色ではないんでは？などと思ってはいけない。先日なんぞは、睡眠中になんと寝言で一曲フルで歌い上げました。ごめんなさいさすがにそれは嘘ですが、めったにない機会、千秋楽まであと1カ月と10日ほどの期間は、思いきり身も心もミュージカルに染め上げたいと思います。

さて、人類史上まれにみるテンパリストの僕ですから、さらに前述のようにミュージカル稽古期間中ともなりますと、基本我が家での僕は、ここのところ、ずっーとオタオタワタワタしております。

先日の出来事。

朝、早めに起き、ダンスと歌の復習を入念に自宅でしておりました。昔から悪い癖で、集中すると、完全に時間がたつのを忘れてしまうことがあるんですね。まさにこの時がそうで、気づいたら、なんと！　なんとあと15分で！　稽古場に出掛けなければいけません！

「おぅみぃ！」

確かそんな感じの奇声を発したと思います。正確には僕自身は奇声を発した記憶はないんですが、のちに妻が証言してました。「アンタ、あの時、『おぅみぃ！』って言ってたよ」と。とにかくそのような意味不明な声をあげ、焦りまくって稽古場に行く用意を始めます。まず、タンスから何枚ものTシャツを引っ張り出します。人類史上まれにみる汗かきの僕はダンスの稽古でとんでもなく大量に汗をかくので、まずはその着替え用にタンスから大量のシャツを引っ張り出すことから始めるのです。ごめんなさい今ダンスとタンスを掛けたわけではありません。誰もそんなことは気にもとめてないし、大して掛かってもいないわけですが、あぁ、すでに書きながら思い出してテンパってきちゃったよオイ。

大量のTシャツでもみくちゃになってる僕に、妻が聞いてきます。「稽古場に行く前に、なんか食べてく？」。

もはやこの時点で、人類史上まれにみるテンパリストの僕の頭は箱崎ジャンクションのようにグルングルンです。例えがイマイチ分かりづらい上にお前は何度人類史上まれにみれば気が済むんだという話ですが、そんな僕は妻に答えます。

「なんでもいい！」

妻はさらに聞いてきます。

「カレーでいい？」

僕はほとんど叫びに近い声で答えます。

「カレーでいい！」

俺、なにを書いてるんだろうという気にもなってきましたが、とにかくあの日の朝の惨劇を克明に皆さまにお伝えせねば。

「あれ!?　水筒は？　水筒ないよ！」

そう妻が叫んだのはその時でした。

コロナ禍以降、僕は現場に必ず水筒を持参してるのですが、その水筒が見つからないと、僕にとってのドラえもん、つまりはマイワイフが叫んだのです。

「そんなはずないよ！　昨日間違いなく稽古場から持ち帰ったもん！」

いまだTシャツにまみれたのび太、じゃない、僕が叫び返します。

「だってないよ!……え？　お父さん昨日帰ってから、ちゃんと私に渡した？　水筒」

「渡した!　渡した!　……ような気がする!　……え？　俺が車ん中に忘れたかな？ちょ、俺、車に行ってカレー探してくる!（↑実話）」

「（カレー発言はスルーして）じゃあ、そのあいだに私が着替えのTシャツを……あ」

「どした!?」

「……ごめん、私だった」

「何!?　何が!?」

「……昨日衣替えしてる時にお父さんに渡されたから……あった、水筒。タンスに（↑実話パート2）」

水筒を巡るドラえもんとのび太の攻防はこうして終焉を迎えたわけですが、そしてなんとか稽古にも間に合ったわけですが、そしてそして今日のコラム、ホントに何を書いてるんだろうという感じですが、最後にひとつだけ皆さんにお伝えしなければいけません。

この日、食べ損ねました、カレー。

2020/10/25

うらやましい人

「うらやましい」と思う人が、僕にはたくさんいる。

まず、折り畳み傘をキレイに畳める人がうらやましい。

まあ僕の手先が病的に不器用ということもあるだろうが、なんというか、「折り畳み傘をキレイに畳む」、その構造というか、道筋というか仕組みというか、そういうものが、もともと僕の脳内には存在しない気がする。折り畳み傘が畳めないくらいで随分と大仰な言い訳をしてると思われるかもしれないが、そうとしか思えないほどに何度チャレンジしてもうまく畳めない。

顔が小さい人がうらやましい。

これはもう、いまさら説明不要かもしれないが、僕は顔が大きい。陽が東から昇り、西に沈むくらい当たり前に、佐藤二朗の顔は大きい。前にもこのコラムに書いたことがあるが、かつて整体師の先生から「佐藤さん、あなたは人一倍、首をいたわりなさい。あなたの顔は、ちょっとビックリするくらい大きいから、首に非常に負担が掛かる。たとえるなら、爪楊枝（つまようじ）でリンゴを支えてるようなものです」と、血も涙もない例え話をされ、ウケを狙って言ったのかと先生の顔を見たら、完全なる真顔だったことがある。首への負担以外にも、やはり小顔はうらやましい。小顔なら、目鼻口が凝縮される。その美しさはうらやましい限り。俺の目鼻口、全然凝縮されてない。だだっぴろい、ただただ広いだけの土地に、思い出したようにポツン、ポツンと目や鼻や口が点在している。そんな感じだ。

自分で書いてて悲しくなってきたが、まだまだいるのだ。うらやましい人は。

泰然自若とした人。物事に動じず、逆境にあっても冷静沈着に判断ができる人。

当コラムにも何度か書いているが、ミスターテンパリストの名をほしいままにする僕は、ふところ浅く、キャパ狭く、器小さく、度量小さく、ケツの穴も小さい。なぜに自らをこんなボロクソに書いてるのか自分でもよく分からなくなってきているが、正直言ってそうなのだ。なんか、こう、もう少し人間としての度量の目盛りを増やすチケットみたいなものがあるなら、もし多少高額であったとしても、思いきって買い求めたい。妻の許可を得て。分割で（←度量小）。

あとはアレだ、もう、ぶっちゃけアレだ、「シュッ」とした人、うらやましい。

立ち振る舞いがスマートという意味もあるが、まあハッキリ言って、見た目の話です。

やっぱ、こう、シュッとしたいじゃん、スタイルとか。顔とか。あとスタイルとか顔とか。

あと追加するならスタイルとか顔とか。俺、なにからなにまで全然シュッとしてないもん。なんか、ドーン、バーン、ズデーンって感じ。なんだよいいじゃねえかドーンだってバーンだってズデーンだっていいじゃねえか悪かったよ謝りゃいいんだろああ悪かったよドーンバーンズデーンで悪かったよ。

なんともステレオタイプの逆ギレをしてしまったわけだが、でもさ、ホラ、考えてごらんよ（↑誰だ）。世の中に、誰ひとり、うらやましい人が存在しない世界って、とっても味気ない、そう君は思わないかい？（↑だから誰なんだ）

逆ギレしたと思ったら急に妖精のような物言いになって情緒不安定の感は否めないか、いや、でもね。「うらやましい」とか「憧れる」って感情がないと、なかなか生きててつまらんかもとも思うわけさホント。人生に彩りを与えてくれる感情と思えば、自分のなかの「人をうらやむ」気持ちも、少しは許せそうな気がする。気がするだけかもしれんが。

はい。そんなわけで、ミュージカル『プロデューサーズ』、明日（２０２０年）11月9日から開幕です。僕が「うらやましい」と思う人、たくさん出てます。というか、僕以外の出演者、全員うらやましいです。そんな人生に彩りを与えてくれる愛すべき共演者、スタッフたちと、全力で皆さまをおもてなしする所存です。賑々しく、ご期待を乞いまっす。

2020/11/08

アダルトな恋

2007年5月発表

協力
BS-TBS
TBSスパークル

1　とある場所（室内）

六法全書を読んでいる男。

男　Ｍ「私の名は五十嵐富夫。東京大学卒業後、弁護士になるべく、超難関の司法試験を毎年受け続ける執念の男だ。なぜ毎年受け続けるのか？　それは毎年滑り続けているからだ。つまりはいわゆる司法浪人だ。司法浪人12年目だ。34歳だ。独身だ。親と同居だ。……冴えない。冴えない空気が私を包む。包むな。冴えない空気よ、私を包むな。そんな訳で……」

カメラひくと、店のエプロンをつけた富夫がカウンターの中にいる。

富夫Ｍ「……バイトしてます。アルバイトっス。レンタルビデオ店員ス。店員12年目ス。冴えない、冴えない空気が私を包む。いや職業に貴賤なしだが、正直34歳でこの感じはやはり冴えない。しかしだ！」

2　店内・名作コーナー

『名作コーナー』のプレート。作品を物色している男性客二人（ミノルとサトシ）。

3　同・ホラー映画コーナー

『ホラーコーナー』のプレート。いちゃいちゃしながら選んでいるカップル客。

4　同・アクション映画コーナー

『アクションコーナー』のプレート。制服を着た男子高校生が選んでいる。

富夫Ｍ「私もただやみくもにレンタルビデオ店でバイトをしている訳ではない」

5　同・カウンター

富夫。

富夫M「弁護士を志す者、ただ法律の勉強をしていればいいという訳ではない。弁護士に必要な要素、それは……『人間観察』！　なぜレンタルビデオ店が人間観察に最適なのか？」

6　同・ホラー映画コーナー

いちゃつきながら作品を選ぶカップル客の横に、野球帽を被った男性客がいる。

富夫M「たとえば、この野球帽の男。私の長年の店員歴から推察するに、隣のカップルとの距離が2メートル以上離れたその瞬間、ある鋭敏な動きに転じるだろう」

少しカップルが離れたその時、素早くあるコーナーに入っていく野球帽の客。

富夫M「これだ！　このクイックステップ！」

野球帽の客が入っていったそのコーナーは……

『アダルトコーナー（18歳未満の方入場できません）』の文字！

富夫M「そう！　レンタルビデオ店にアダルトコーナーある限り、この店内は喜び、悲しみ、そして愛と憎悪と欲望の駆け引きが蠢（うごめ）く修羅場の戦場！　人間模様の縮図！　情念の錯綜地帯！」

7　同・名作コーナー

ミノルとサトシ。

富夫M「先程から名作映画を物色しているこの二人。言うまでもなく、彼らには名作映画など欠片ほどの興味もない。彼らの頭の中はAVギャルで一杯だ。『僕たちは決してアダルトビデオを借りに来た訳ではないんですよ。もしこの後アダルトビデオを借りたとしても、それはたまたま魔が差しただけなんですよ』そう主張したいがための稚拙なカモフラージュに他ならない」

ミノル　「決まった？」

サトシ　「僕はコレだな」

ミノル　「フェリーニか」

サトシ　「君は？」

ミノル　「僕はトリュフォー」

サトシ　「いいね」

ミノル　「エリック・ロメールの『満月の夜』と迷ったんだけど」

サトシ　「ああ、僕見たよ。アレはよかった。特に『秋のソナタ』のベルイマンを彷彿とさせるカメラワークが僕の心の琴線に触れたね」

ミノル　「ヌーベルヴァーグの多くの作家は個性的な、矜持するような特徴的方法論はないけどね」

サトシ　「いや、しかし昨今、ＳＦＸを駆使したお子様ランチ的映画の速いテンポに慣らされてしまっているキライがあるじゃない？　僕らも含めて」

ミノル　「そうだね。だから映画とじっくり対峙する意識で映画というものと向き合うのも悪くないね」

サトシ　「僕もメッセージ効果のない白痴的映画に涎を垂らすのは少々食傷気味だったところ」

ミノル　「個人的にはルーブルで見たエゴン・シーレの絵のような衝撃をこの作品には期待してるんだ」

サトシ　「もう少し選んでみようか」（ビデオテープを戻す）

ミノル　「そうだね」

　と、また選び出す二人。

8　同・カウンター

　怒りに打ち震えながらミノルたちを見ている富夫。

富夫Ｍ　「お前ら、三鷹のジブリ美術館にでも行ってろ！　三ヶ月先まで予約でいっぱいだバカ！　正直いって一文字も理解できなかった」

9　同・アクション映画コーナー

作品を見ている男子高校生。

富夫Ｍ「残念ながら彼の頭にも、アクション映画のことなど微塵もない。彼の体からはアダルト借りたいオーラが迸っている。殆ど猿と言っても差し支えあるまい。ただ18歳未満には貸し出しが出来ないのだ。ニキビが消えた頃、またおいで」

10　同・ファンタジー映画コーナー

かなり太り気味で、奇抜なファッションの女性が作品を選んでいる。

富夫Ｍ「……なかなか個性的なお客様だ。しかし彼女がアダルトビデオを借りる可能性はあるまい。借りられてもちょっと困る。どう対処していいかわからん。つうかちょっと哀しい」

11　同・ホラー映画コーナー

カップル客。時おり女の「やだ〜」という嬌声など聞こえたりして、相変わらずいちゃいちゃしている。

富夫Ｍ「先程から存分にいちゃつくこのカップルもアダルトを借りる可能性は極めて低い。借りられても困る。困るというかムカつく。万一借りられたら……」

12　富夫のイメージ

アダルト作品を持って、いちゃつきながらカウンターに来るカップル客。

男「いいじゃん、お前の部屋で見ようぜ」
女「や〜ん、家にはママやパパがいるも〜ん」

男　「いいじゃんいいじゃん」
女　「や〜ん、ヒロシの部屋で見よう」
男　「俺の部屋で見たら大変なことになるぜ」
女　「大変なことになりたいなりた〜い」
男　「（富夫に）あ、これ一泊で（と、ビデオをカウンターに出す）」
富　夫　「……ダメです」
男　「は？」
富　夫　「イヤです。貸しません」
男・女　「……」
富夫M　「と、言ってしまうに違いない」

13　同・バラエティコーナー

作品を選ぶ外国人（白人）。

富夫M　「アイ　アム　ユー。この店もワールドワイドになったものだ」

14　同・サスペンスコーナー

うろうろしている老人。かなりのご高齢。

富夫M　「……アンタは何しに来たんだ？」

この時、新たな客が店内に入ってくる。顔が脂でテカテカし（できれば実際光らせて欲しいです）、眼光鋭いその客（以下、油くん）はクラシックコーナーに行く。

富夫M　「……逸材だ。彼は逸材だ。顔が逸材だ。彼の顔には『油』という字がよく似合う。顔に『アダルトを借りに来ました』と書いてある。そんな顔だ。なんという清々しさ。なんという潔さ。彼の今後に大いに期待しよう」

クラシックコーナーにいながら隣のアダルトコーナーを睨みつける油くん。

富夫M　「お〜なんという鋭い眼光。正に獲物を見つけた豹の如しだ。早速期待通りの働きだ」

アダルトコーナーを凝視し続ける油くん。

富夫M「ちゅうか見過ぎだ。あまりに見過ぎだ」
　　息が荒くなる油くん。
富夫M「お〜お〜肩で息するな、肩で息するな。なんちゅう分かり易さ。落ち着け。落ち着け、油くん」
　　と、アダルトコーナーから野球帽の客が出てくる。
　　慌てて凝視をやめる油くん。野球帽の客も気まずい。
富夫M「何、男二人で頬を赤らめてるんだ」

15　同・カウンター

　　選んだアダルト作品をカウンターに持ってくる野球帽の客。
富　夫「カードを。（受け取り）ご利用泊数は？」
野球帽「あ、一泊で」
　　タイトル『体育教師飛んで開いて』
富夫M「『体育教師飛んで開いて』か……察するに体育教師が飛んで開くんだろう」
　　この時、もう一人のアルバイト店員、美奈が元気よく店に入ってくる。
美　奈「（富夫に）おはようございます！」
野球帽「（美奈を見て）！（と、帽子をふかくかぶる）」
　　富夫からひったくるようにビデオを奪い取って慌てて店から出て行こうとする野球帽の客。
富　夫「（野球帽に）あ、お客さん、お釣り！」
野球帽「いいです！　お釣りなんかいいです！（と行ってしまう）」
富　夫「ちょっとお客さん！」
　　カウンターの奥で、コートを脱ぎ、店のエプロンを着けている美奈。
　　それを見ている富夫。
富夫M「彼女は美奈ちゃん。本職は、売れないシナリオライター。当然シナリオの仕事だけでは食べていけないので、ここでバイトをしている」
　　カウンターに入ってくる美奈。
美　奈「（富夫に）お疲れ様でーす」

富夫、フニャけた顔になっている。

富夫Ｍ　「可愛いな〜美奈ちゃん。冴えない私の唯一の灯火。マイスゥイートエンジェル。そんな背筋も凍るボキャブラリーが口をつく程、私は彼女に恋をしている」

富夫、愛おしそうに携帯を開くと、待受画面は美奈の写真。

にこやかに働く美奈。と、美奈の携帯が鳴る。

美　奈　「（出て）はい、斉藤です」

富　夫　「（携帯に）え、えっと、あの、映画のチケットが二枚手に入ったんだけど、明日お店終わった後、一緒にどう?」

……しかし美奈、携帯を耳から離し、横を見る。掛けていたのはすぐ近くにいた富夫。

美　奈　「（携帯外して、じっと富夫を見ていた）五十嵐さん」

富　夫　「（気付き）あ、びっくりした。（携帯切り）い、今の聞こえた?」

美　奈　「聞こえます」

恋愛映画のチケット（『私、恋した』）を二枚出す富夫。

富　夫　「いや、なんかこの映画、脚本がいいらしいんだよね。だから脚本の勉強にどうかなと思って」

美　奈　「……」

富　夫　「ま、俺はこの映画、特に興味ないんだけど」

美　奈　「……ごめんなさい、明日用事があって。また誘って下さい（と、また仕事に戻る）」

富夫Ｍ　「……撃沈。撃沈俺」

富　夫　「（かなりショックだが）あ、そう。気にしないで。俺、ホントこの映画あんま興味ないし」

落胆を隠し、仕事に戻る富夫。

富夫Ｍ　「しかし時期を見て必ずまた誘おう。だから美奈ちゃん、ずっと売れないシナリオライターでいておくれ。そしてずっとここでバイトをしておくれ。僕富夫M　もずっと司法試験落ち続けるから」
　　と、思い出したように突然緊迫した顔になる富夫。
富夫M　「いかん、フニャけてる場合ではない。美奈ちゃんの出勤により、この店内は一気に混迷の度を深め、78坪257・4平米のこの店内は生死を賭けた戦場と化す。彼女の存在でアダルトレンタルは急激にその難易度を増すことになるのだ！」
　　ミノル、サトシ、高校生、外国人、各々の表情。
富夫M　「見よ！　アダルトレンタラーたちの苦渋に満ちた表情を！」
　　老人の表情。
富夫M　「アンタはいいだろ、アンタは」
　　太った女性客の表情。
富夫M　「アンタも出てくんな出てくんな」
　　油くんの表情。目をこれ以上ありえないほど見開き、苦渋に満ち満ちた表情。

富夫M　「わかり易いんだよ、君はとにかくわかり易いんだよ」
　　それとは無関係に、にこやかに仕事をしている美奈。
富夫M　「アダルトレンタルを目論む者にとって、彼女は悪魔だ。地獄の使者だ。彼女の出勤前にコトを済ませられなかった痛恨のミスを呪い、これから各々に訪れる血みどろの駆け引きを前に、彼らは今、腸を抉られる思いに違いない」

16　同・アダルトコーナー（出入り口付近）

　　背広を着たサラリーマン（初出）がアダルトコーナーから作品を一本持って出てくる。
　　と、美奈に気付き、
サラリ　「チッ（と舌打ちをする）」
富夫M　「聞こえた！　今、確かに舌打ちが聞こえた。……」

借りるべきか否か、舌打ちをしながら激しく迷うサラリーマン。

17　同・アダルトコーナー（出入り口付近）

富夫M「この舌打ちは女の子を雇っている経営者に向けられた怒りの表明に他ならない。さあどうする、リーマン！」

迷った挙げ句、再びアダルトコーナーに入ってしまうサラリーマン。

富夫M「……戻すか。情けない。美奈ちゃんという難関の関所をかいくぐり、アダルトレンタルという巨大な山を征服しようとする気骨あふるる平成の侍はいないものか！」

インフォマーシャル

18　店内

各々の客たち。

富夫M「さあ、アダルトビデオレンタルを目論む侍たちよ！　可愛い女の子が待つこのカウンターまで、上がって来い！　上がって来い、ヤス！」

19　同・クラシックコーナー

油くんがいる。

富夫M「……やはり彼に期待したい。何よりこの顔に期待したい」

少しずつ隣のアダルトコーナーに近付いていく油くん。

富夫M「虎視眈々とアダルトコーナーへの突入の機会を窺っているようだ」

近付いていく油くん。

富夫M「つうか、やはりわかり易過ぎないか。わかり易くジリジリ近付いとーる。ジリジリ近付いとーる」

そして……突入！

が、ちょうどその時太り気味女性客が通り過ぎ、突入をやめる油くん。

富夫M　「あ〜失敗。一回目の試技は失敗！」

20　同・カウンター付近

手にした作品を持ってやってくるミノルとサトシ。

ミノル　「僕は結局コレにしたよ。『雨の朝巴里に死す』」

サトシ　「いいね。老匠リチャード・ブルックスだね」

ミノル　「君は？」

サトシ　「デボラ・カーとジーン・シモンズの名作『黒水仙』」

ミノル　「いいね。特に撮影を担当したジャック・カーディフの卓越した色彩設計は、洗練美という名の付加価値をこの映画に提供してるよね」

富夫M　「殴りたい。どうしても彼らを殴りたい」

レジを済ますミノルとサトシ。

美　奈　「ありがとうございました」

サトシ　「今夜、僕は透き通った感動で軽い目眩を起こすかもしれない」

ミノル　「清冽で絶望的な感動のシャワーを全身に浴びることになりそうだね」

ミノル、サトシ、帰っていく。

富夫M　「お前ら、もう、どっか外でフリスビーでもしてろ！」

怒りの富夫。

富夫M　「戦わずして去った奴らは、悔恨という名の重い十字架を一生背負って生きることになるだろう。挑戦することなく撤退していった奴らは既に屍だ！」

と、この時、ジャージを着た男性客が店に入ってくるなり、他には目もくれず一目散にアダルトコーナーに入っていく。

富夫M　「出た！　なんという華麗で芸術的な動線！　小細工一切なし！　一か八かでアダルトコーナーに一目散に突入した！　彼の名は『一目散くん』に決まりだ。（言いづらそうに）いちもくさんくん……かなり言い辛いが、それこそ彼の名にふさわしい。潔く好感が持てるチャレンジだ」

21 同・クラシックコーナー

油くんがいる。

富夫M　「つうか君、まだそこにいたか」

油くん、一応『ローマの休日』を手に取ってみたり。

富夫M　「興味ないだろ。君その映画に何の興味もないだろ。大体、そんな油でテカった顔に『ローマの休日』を見る資格はない！」

と、隣のアダルトコーナーから先程のサラリーマンが出てくる。が、ビデオは戻さず、しっかりと手に持っている。

富夫M　「お〜リーマン、戻さなかったか。偉い！　偉いぞ、リーマン」

と、リーマンの顔が輝く。

リーマンの視線の先には、返却されたビデオを棚に戻すためカウンターを離れる美奈。

富夫M　「そうだ、リーマン。美奈ちゃんがカウンターから離れたぞ。今が千載一遇のチャンスだ！　来い！　ここまで走って来い、リーマン！」

リーマン、急ぎ足で富夫一人がいるカウンターに行く。

富夫M　「しかし獅子が谷底に子を突き落とすが如く、敢えて試練を与えねばなるまい！」

富　夫　「あ美奈ちゃん、ちょっとトイレ行くから、ここお願い」

美　奈　「は〜い」

富夫の代わりにカウンターに入る美奈。

愕然と立ち尽くすリーマン。

富夫M　「ふふふ……借りれまい」

22 同・サスペンスコーナー

油くんがいる。

富夫M「つらか君、まだいたか！　そしてなぜサスペンス？　お前の行動がまずはサスペンスだ」

23　同・カウンター付近

立ち尽くしていたリーマン、勇気を振り絞り、美奈一人がいるカウンターに突進する。

富夫M「お！　行ったか、リーマン！」

美　奈「いらっしゃいませ」

リーマン「（必死に）領収書ください、領収書。ドリマックス。前株。しょうがないの仕事だから、仕事だからしょうがないの、仕事だから……（と言い続ける）」

富夫M「見苦しい……。実に見苦しく往生際の悪い愚策だ。……しかし気持ちは痛い程わかる」

美　奈「あの～カードを」

リーマン「あ、そうだね。カードね」

と、リーマン、財布からカードを出そうとする。

……が、なかなか見つからない。

リーマン「あれ、あれ？（と探しつづける）」

と、リーマンの後ろにカップル客がホラー映画（『怪談新耳袋』）を持って並ぶ。

女「え～めぐみ、この映画怖すぎて泣いちゃうかも～」

男「大丈夫だよ、怖いシーンは俺に抱きついてれば」

女「じゃあ、めぐみ、ずっとヒロシの手握ってる」

まだカードが見つからないリーマン、必死に探し続ける。

富夫M「……世界で一番早く見つかって欲しい時に見つからないよね」

後ろに並ぶカップルが、リーマンが借りようとしているアダルトビデオを見てしまう。

女「や～（と、男にしがみつく）」

男　「(女に) 見ない方がいいよ」

必死にカードを探し続けるリーマン。

富夫M　「……地獄絵図だね」

24　同・富夫のいるどこか

カウンターの惨状を少し離れたところで眺めていた富夫。と、近くに老人が来て、

老人　「……あ～」

富夫　「(老人に気付き) は？」

老人　「あ～……温シップはどこですか？」

富夫　「何ですか？」

老人　「温シップ。冷やすんじゃなくて温めるやつ」

富夫　「……」

老人、どこかに行ってしまう。

富夫M　「……アンタ、ここをどこと間違えてるんだ？」

25　同・バラエティコーナー

油くんがいる。

富夫M　「そして君はいつになったらアダルトコーナーに入るんだ？　そしてなぜバラエティ？　お前の行動の方がはるかにバラエティだ」

26　同・カウンター

戻ってくる富夫。

リーマン、まだカード探している。

富夫M　「そしてお前もまだ見つからないのか。いい加減あきらめろ」

リーマン　「(ようやく見つかり) あ、あったあった (と、美奈にカード出し) 領収書ください、領収書。仕事だから仕事だから……」

と、アダルトビデオを持ってカウンターに来た外国人。列を抜かして美奈に、

外国人　「(片言で大きな声で) このエロビデオ、借りたいのダガ」
美　奈　「(気圧されて) あ、あのご利用泊数は?」
外国人　「(大きな声で) 一週間。エロビデオ一週間」
美　奈　「は、はい」
呆気に取られているリーマン、カップル客。
富夫M　「……お、恐るべし欧米人」

27 同・アダルトコーナー (出入り口付近)

一目散くんが作品を一本持って出てくる。

一目散くん、満面の笑み。

富夫M　「なんだ? 一目散くん。なんだ、その快心の笑みは? アダルトコーナーの中で一体何があった?」

満足そうな一目散くんの笑顔。

富夫M　「おそらく厳選に厳選を重ね、珠玉の一品を手にしたのだろう。あるいは帰宅後、彼に訪れるであろう、めくるめく夢のような時間に想いを馳せているに違いない」

あまりの嬉しさに笑い声も漏れてしまう一目散くん。

富夫M　「おぅおぅ声は出すな、声は」

と、一目散くんからスッと笑顔が消える。

富夫M　「お。めくるめく夢のような時間の前に立ちはだかる大きな壁に気付いたらしい」

一目散くんの視線の先には、カウンターの中にいる美奈。

富夫M　「どうする、一目散くん! 頼むから一目散に玉砕してくれ!」

と、カウンターには行かず、なぜか普通の映画コーナーに行ってしまう一目散くん。

富夫M　「なるほど。『重ね技トラップ』か!」

28　富夫のイメージ

アダルト作品と、もう一本、名作映画（『風と共に去りぬ』）を持ってカウンターに来る一目散くん。

富夫M「アダルトの他にもう一本普通の映画を借りる。アダルトだけを借りる恥じらいを少しでも緩和させるためだ」

『風と共に去りぬ』を上にし、アダルト作品を下に重ねて美奈に出す一目散くん。

しかし美奈、『風と共に去りぬ』の下のアダルト作品を見て、

美　奈「キャッ」

顔を赤らめる一目散くん。

富夫M「しかし、もう一本の選択を間違えると、こうなってしまう。落差の少ない作品をお薦めする」

29　同・ファンタジーコーナー

一目散くん来て、『オズの魔法使』を手に取る。

富夫M「おい！　間違いだ。その選択は明らかなミスショットだ。アダルトと『オズの魔法使』……なんと哀しい落差」

30　同・アダルトコーナー（出入り口付近）

まだアダルトコーナーに入れない油くん。

富夫M「そしてまだいたか、油くん。いいから楽になれ！　アダルトコーナーに入って一刻も早く楽になれ！　顔の脂も、そのテカテカ度を一層増しているぞ」

そして遂に油くん、アダルトコーナーに入っていく！

富夫M「お〜！　おめでとう！　油くん、おめでとう！　あとは彼の、充実した作品チョイスを願わずにはいられない」

と、老人もヨロヨロとアダルトコ

　　　　ーナーに近付く。

富夫M　「……え?」
　　　　そして老人、そのままアダルトコーナーに入っていく。

富夫M　「……万歳！　高齢化社会万歳！　中で腰を抜かさないことを願わずにはいられない！　ただ、その中に温シップはないと思うよ、おじいちゃん」
　　　　油くん、一本選んで出てくる。

富夫M　「早っ！」
　　　　油くん、カウンターの方を睨み付ける。
　　　　カウンターの中にはこの時、美奈と富夫。

富夫M　「うわ〜見てる。すっごいこっちを見てる」
　　　　猛烈な勢いでカウンターに突進してくる油くん。

富夫M　「怖い怖い、何より顔が怖い」
　　　　富夫の方に来る油くん。

富　夫　「ご、ご利用泊数は?」

油くん　「一泊で」

富　夫　「カードお願いします」

油くん　「はい」
　　　　カード出す油くん。……と。

富　夫　「(わざと大仰にパッケージ見せ) こちらの作品でよろしいですか?」
　　　　すぐ隣には美奈。

油くん　「!……いいですいいです!」

富　夫　「(勘定を進めるが) ……ホントにこちらでよろしいですか?（と、また大仰にパッケージを見せる)」

油くん　「いいです！　いいですから早く!」
　　　　隣の美奈、パッケージを見てしまう。

美　奈　「!……」
　　　　タイトル『肉欲奴隷油責め』

美　奈　「……」
　　　　わざとノロノロ勘定する富夫。

富夫M　「しかしなんちゅう油くんらしいチョイス。つうかまんまだ」
　　　　レジを済ませ、逃げるように帰っ

ていく油くん。

富夫「ありがとうございました〜」

と、美奈、

美奈「……五十嵐さん」

富夫「?」

美奈「……やっぱり行きます」

富夫「え?」

美奈「さっきの映画のチケット、二枚あるんですよね? 私、明日やっぱり行きます、映画」

と、棚の方に行ってしまう美奈。

喜びを隠し切れない富夫。

富夫M「明日! 明日ようやく去る! さようなら。さようなら、冴えない空気!」

と、一目散くん、『オズの魔法使』の下にアダルト作品を重ねてカウンターに来る。

が、この時、制服の男子高校生、

高校生「あ、先生!」

一目散「!……や、や、山下じゃないか〜」

高校生「超偶然スね〜。え? 何借りるスか?」

一目散「(焦りまくっている)オ、オ、オズの魔法使だ」

高校生「へえ〜、その下のもう一本は?」

一目散「……オ、オズの魔法使2(ツー)だ」

高校生「へえ〜、先生、オズの魔法使、好きなんスね〜」

一目散「も、もちろんだ。2はいいぞ、2は。オズを見るなら断然1より2だ!」

高校生「2ってどんなのですか?」

一目散「何?……ツ、ツーはな、オ、オズさんが……か、過疎の村を立て直すために、き、きこりになって……」

二人のやり取りを見ていた富夫。

富夫M「……胸が張り裂けそうだ」

31 レンタルビデオショップ・外観

32 店内・カウンター

富夫。

富夫M　「来た！　運命の日がやって来た！」
　髪型や服装など気合入りまくりの富夫とは対照的に、普段通り仕事をしている美奈。携帯の待受画面を嬉しそうに見たり、口臭消しを使ったりしていた富夫、美奈を見る。

富夫M　「デートだ。大きな声で言おう。デートだ！　マイスゥィートエンジェルとの、」

富　夫　「ファーストデートだ！」

富夫M　「あ、声出ちゃった」
　笑顔で接客している美奈。

富夫M　「彼女は永遠のティンカーベルだ。ハニープリンセスだ。キュートな小悪魔、プリティガールだ。背筋も凍るボキャブラリー連発だ」
　と、〈『あの～』〉と客の声。

客　「(アクション映画のビデオ見せ)これ、借りたいんスけど……」
　虚ろに対応する富夫。

富　夫　「ごひひょうひゃくひゅうは？(ご利用泊数は？)」

客　「は？」
　客を全く無視してどんどんレジを進める富夫。

客　「あの、カードいいんですか？」

富　夫　「あ、カードね、はいはい、あるなら貸して。はいはい、はいはい、お金、適当に置いてって。はいさようなら」
　怪訝に去る客と入れ違いに、カウンターの富夫のところに返却しに来る油くん。

富　夫　「(油くん見て)誰だっけ？」

油くん　「は？」

富　夫　「あ～油くんね」

油くん　「油くん？」

富　夫　「いや、いいのいいの。あ返却ね。(適当に処理しながら)はい、いいよ、延滞ないね。はい帰って」
　油くん、帰り際に、

油くん　「……(美奈に)あ、あの」

美奈「……はい？」

油くん「面白かったです」

美奈「え？」

油くん「『肉欲奴隷油責め』」

美奈「……」

油くん「（頭下げ、帰ろうとする）」

美奈「……あの」

油くん「？」

美奈「（前に出て）……どんなところが？」

油くん「……主役の杏子を、借金をカタに調教していく遠藤のキャラクターや、杏子が肉欲奴隷になっていく様が」

富夫M「……何の話だ」

美奈「……」

油くん「でも何より良かったのは……」

美奈「？」

油くん「（スッと美奈に真っ直ぐ向き直り）……セリフです。セリフが生き生きとして、登場人物がすぐそこにいるようでした」

美奈「……」

油くん、頭を下げ、店を出て行く。

ポカンと見ている富夫。

……と、美奈、

美奈「（富夫のところに来て）五十嵐さん、ごめんなさい、映画のチケットっ」

富夫「え？」

美奈「チケット！」

訳もわからずチケット二枚を美奈に渡す富夫。

美奈「興味ないんですよね？　この映画」

富夫「いや、まあ……」

美奈「ごめんなさい！」

と、チケット二枚持って、店から走って出て行く美奈。

美奈「（外に向かって）待ってください！」

外で話す美奈と油くん。

一人ポツンと残された富夫。

カウンターに置かれた『肉欲奴隷油責め』。

富夫、そのパッケージを手に取り、

富夫「（読む）『脚本・斉藤美奈』……」

富夫M　「……おかえり、冴えない空気」

富夫M　「私の名は五十嵐富夫。東京大学卒業後、弁護士になるべく、超難関の司法試験を毎年受け続ける執念の男だ。なぜ毎年受け続けるのか？　それは毎年滑り続け……」

了

僕が主宰する演劇ユニット「ちからわざ」で、21年前に上演したコントのドラマ化。「富夫」を僕が演じました。これを読んだTBSプロデューサー植田博樹（うえだひろき）氏の「普通に面白くてビックリした」という言葉はとても励みになりました。

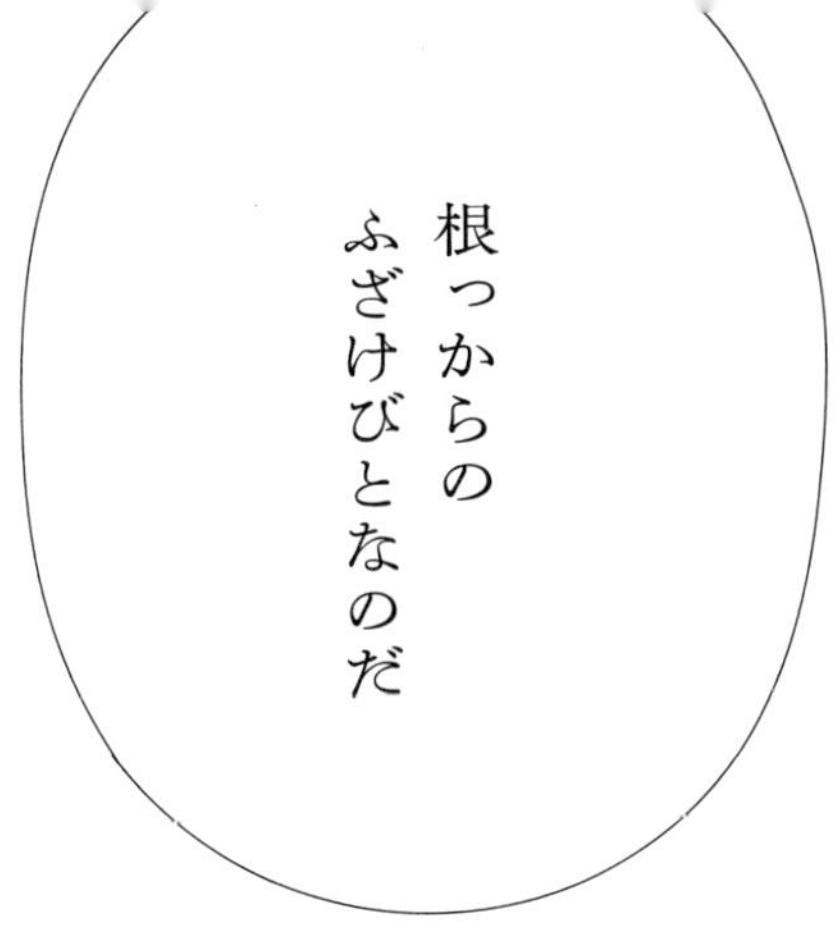

第4章

おせちを感じる

先日、僕の友人が自身のツイッターに「子供のころはおせち料理の良さが分からなかったけど、歳を取ってきて分かるようになってきた」というような趣旨のことを書いてて、最近の言葉で言うといわゆる「分かりみが深い」気持ちになりました。

僕も子供のころ、おせち料理なるものに1ミリの興味も持てませんでした。というか、お正月で唯一憂鬱（ゆううつ）なことは「おせちを食べなければいけない」ことでした。僕の子供のころは（もしかしたら今の子供たちもそうかもしれませんが）、やはり子供の好きな食べ物の雄はハンバーグ、カレー、ラーメンといった、なんというか、「そらそうだわな」という食べ物でした。

なのに、おせちときたらどうでしょう。黒豆、田作り、きんとん、紅白なます、煮蛤（にはまぐり）、昆布巻き、筑前煮……ちょ、ごめんなさい、いま書いててあらためて思いましたが、これ、子供はいったい何を食べればいいんだ?というようなラインアップではないでしょうか。

子供がおせちに興味が持てないのも、ある程度は仕方がないような気もします。

しかし。しかしです。51歳という、もちろん60、70の方々からみたらまだまだ若造、しかし老眼などの老いも確実に始まってきているこの年齢になってみると、このおせち、なんとも味わい深い、ぜいたくな食べ物ということが分かってきます。

「分かってきます」と書きましたが、それは、おせちにはそれぞれの料理におめでたい意味や由来があるといった「知識」が身についたからではなく、「感じる」んです。感覚として、おせちは本当にいいものだと思えるようになってきたんです。

何段もの重箱に詰められた料理の数々、その料理のそれぞれの佇(たたず)まい、色とりどりの料理の麗しい見た目、味の奥深さ……。がっついて食べるような料理はひとつもなく、一品一品、ゆっくり静かに噛みしめるように食べる。どうか穏やかにと願う、1年のはじめになんともふさわしい食べ物だと思います。

さらに、そのひとつひとつが実に酒に合う。しかもなんというか、飛躍的に派手に合うというよりは、静かに深く、染み渡るように、合う。おせち料理のひとつひとつの料理をゆっくり静かに味わいながら、ゆっくり静かに酒を呑む。過ぎ去った年を思い、これからきたる1年を思い、深く息をしながらゆっくり静かに酒を呑む。よきことも悪しきことも休息も闘いもあるであろう1年が始まるその最初に、おせちを味わいながら、酒を呑む。

ごめんなさい結局単にお酒が呑みたいオヤジのようになってしまいましたが、そして実際お酒が呑みたいオヤジなわけですが、子供のころ、手間ひま掛けて一品一品をつくり、なんとも味わい深いおせちを僕に食べさせてくれた両親への感謝と、ハンバーグやカレーやラーメンが好きな息子におせちの風習というバトンをしっかりと渡したいという思いは、これからも持ち続けたいと思っています。

2021/01/17

春子と博之の脳内劇場

うう二日酔い！

いきなり担当K氏に怒られそうな書き出しだが、今の俺の状態を見事に喝破した書き出しといえよう。そう。現在、二日酔いの真っただ中なのである。昨夜、久々のリモート呑み会で、ついつい呑み過ぎてしまったのである。母さん。なぜ人は二日酔いになるのでしょう。なぜ呑んでる時は翌日二日酔いになると予見できないのでしょう。

いいや、できてる。予見できてる。はずだ。だって呑み過ぎたら翌日二日酔いになるのは必然だもの。必然というか経験済みだもの。何度も何度も俺、経験済みだもの。「春子……もしかして、お前!?」「ふふ。アタシ、博之が思ってるより大人かもよ」「春子！」「ごめんね博之。もうアタシ、経験済みよ」「春子おぉぉお！！」。唐突に俺の中の春子が顔を出したわけだが、つまりどういうことだ。要するに経験済みということだ。呑み過ぎたら翌日二日酔いは何度も経験済みということだ。なぜこの何度も経験済みの「呑み過ぎたら翌日二日酔い」を人は（というか俺は）繰り返してしまうのだろう。

とりあえず春子には博之と一緒にお引き取り頂き、ことの本質を見定めなければならない。そうなのだ。呑み過ぎたら翌日二日酔いになるであろうことは充分に予見できるのに、呑んでいる時は「二日酔い？　ははははは！　別に構やしねえ！」と思ってしまうのだ。構え。頼むから構えと言いたい。

なにしろ、20代30代のころはたとえ二日酔いになっても、なんとか無理がきいたが、51歳になった現在、二日酔いの日は、わが家にメタボの怠惰な肉体が横たわるのみだ。「肉体？　それ本気で言ってるの博之？」「ああ、本気さ。本気さ春子」「やめて、博之、それだけは言わないで」「春子、俺はお前の、カラダが目当てだったんだよ‼」「博之ぃいいイイイ‼」。他でやれ。頼むから痴話喧嘩は他でやってくれ。そして「この人、酔っ払いながらこの文、書いてるな」と思ったそこのアナタ。違います。シラフです。酔ってません。ただただ、二日酔いなのです。酔ってる疑惑は濡れぎぬです。「濡れぎぬだなんて……イヤらしいわ博之！　不潔よ博之！」。うるさい。春子うるさい。あと濡れぎぬの意味もなんか勘違いしてるよ春子。まあ、アレですな、要するに、呑んでるその時は、ついつい、気が大きくなってしまうんですなあ。

　二日酔いゆえ、すっかりまとまりのない文になってしまいましたが、そして「まとまりのない文はいつものことだろう」という声が聞こえてきそうですが、これからは、大人として、抑制のきいた、ホドホドの呑み方を心掛けたいと思うのと同時に、春子と博之が仲直りすることを切に願い、挨拶の言葉にかえさせて頂きます。え？　だからシラフだってばよ。

2021/01/31

合笑

どもども。

いやあ、当コラム、なるべく馬鹿馬鹿しいこと書いて、今この時だからこそ皆さまに笑顔をご提供したいと思い、いつもは書いてるのですが。

ちょっと今日は、しんみり方向になるかもです。ごめんなさい。

書いておきたい、そう、書いておきたいと思ったのです。

先月30日、知人が亡くなりました。

彼は彼の誕生日に亡くなりました。47歳でした。

本田誠人（ほんだまこと）。

劇団ペテカンに所属する俳優、脚本家、演出家。僕とまこっちゃんはドラマ『電車男』（フジテレビ系列）で初めて共演し、ただ、そこではほとんど絡みはなかったのですが、そのあと、『きらきら研修医』（TBS系列）という14年前に放送されたドラマでガッツリ一緒になりました。

コントユニット「ジョビジョバ」の六角慎司（ろっかくしんじ）、まこっちゃん、僕のおバカトリオの役でした。よく3人で芝居の打ち合わせをしたんですが、3人とも小劇場出身だからか、とても呼吸が合い、楽しく芝居ができたことを覚えています。

そのあと、まこっちゃんの劇団ペテカンを観に行ったりしましたが、実はそれ以降、特に濃い付き合いというものはなく、10年ほどの月日が流れました。

ですが突然、1年ほど前（ツイッターには「半年ほど前」と書いたのですが、そのあとそこまで近くないような気がして、最近携帯を買い換えて着信履歴もなく調べられないのでなんとなくの記憶で申し訳ないのですが）、とにかく1年ほど前、夜、自宅で晩酌していたら、突然まこっちゃんから電話が掛かってきました。

出ると、「二朗さ～ん、ちょっと息子に自慢したいからさ～、ちょっと代わってよ～」と底抜けに陽気なまこっちゃんの声。久々の電話でいきなりそう言われた僕は、自分もホロ酔いだったこともあり、「まこっちゃんも家で晩酌してて酔ってるんだなあ」と思いました。

「俺ごときが自慢になるわけないだろう」と笑いながら、代わった息子さんに「君のお父さんはたくさんホン書いてたくさん演じてたくさん芝居つくって周りにたくさん自慢していいお父さんだぞ」というような話をしたと記憶しています。

「ありがと～二朗さ～ん」。最後の最後まで底抜けに明るい声で、まこっちゃんとの電話は終わりました。

今年の2月4日、彼の訃報に触れるまで、あの夜の出来事は、まこっちゃんが酔って、ついつい陽気になって、単なる思いつきで僕に突然電話を掛けてきたと思っていました。訃報を知って、共通の友人と連絡を取って初めて知りました。

まこっちゃんは、２０１７年4月7日に、膵臓がんステージ4の告知を受けていたのです。

そんな告知を受けていた人間が、なんであんな底抜けに明るい、陽気な声が出せたのか。そして、あの夜、まこっちゃんが掛けてきた電話は、もちろん酔ってもいなかったし、単なる思いつきで掛けてきた電話でもなかったという気が、今はしています。

何も知らず、呑気な話に終始した自分が悔やまれてなりませんが、ただ同時に、あれでよかったんだ、という思いもあります。

彼が亡くなる2日前、彼のツイッターには、「さぁ！　今日も子供達起こすぞー!!本田家、朝の運動会始まるぞー!!」という呟きと共に、寝ている子供たちを底抜けに明るく、底抜けに変な顔で起こそうとしているまこっちゃんの写真が投稿されています。

彼が遺したブログのタイトルは、「余った命、一日一笑」。

彼が所属した劇団ペテカンの公式ツイッターには「湿っぽいのは本田からダメ出しがきます。手と手を合わせて、合笑！！！」。

もう一度、思うのです。あの夜、あの電話で、なんでまこっちゃんはあんなに底抜けに明るい声で話したのか。

なぜ遺す人々に、「笑い」という、前を向く、上を見上げる勇気みたいなものを最後の最後まで与えようとしたのか。

「まぁ、でも一番自慢できる代表作は三人の子供たちである。テヘッ」。

彼のブログの自己紹介、最後の一文です。

まこっちゃんの自慢の代表作、三人の子供たちへ。

知人ではあるが、それほど濃い付き合いでもなく、それでも君たちのお父さんを知る、大勢のうちの一人として言いたい。

断言する。

君たちのお父さんに知り合えたことが、僕の自慢です。

君たちのお父さんは、最高だ。

2021/02/14

泥酔ツイートで10万「いいね」の分析

やってしまった。

ついに俺はやってしまったのだ。

今まで酔っ払って数々の意味不明なツイートをしてきた俺だが、先日いよいよその最終形態とも言えるツイートをしてしまった。

「つ」

もう一度書く。

「つ」

もはや意味不明などという生やさしいものでは済まされない。もはやこれはもう、なんというか、ごめん何も思いつかない。何も思いつかぬほどの、行きつくところまで行ってしまった感溢れるツイートだ。というかこれをツイートと言っていいのかも疑わしくなるツイートだ。

これを機に、今までの酔っ払い意味不明ツイートを自戒と反省を込めて振り返ってみたい。決して過去のツイートを引用することで字数を稼ごうとしているわけではない。過去のツイートを引用することで字数を稼ごうとしているのだ。

早速いってみよう。

（1）「佐藤二朗」

いきなりだ。いきなり自分の名前だ。自分の名前を意味不明ツイートの1つに挙げるのもどうかと思うが、いわゆる誤爆である。今はあまりしなくなったが当時は自分の出演作品の情報解禁を知るため、よくエゴサをしていた。それを誤ってツイッターにあげてしまったのだ。

（2）「うんこ。」

担当K氏が怒りにうち震えているさまが目に浮かぶようだが事実こうツイートしてしまったのだから仕方ない。ちなみにこのツイートには10万いいねがついている。いかに皆がうんこを欲しているかが分か、やめよう。担当K氏が怒りを通り越し笑い出すのでこれ以上は控える。

（3）「へ～いへへへ～いへへへ～いへへへへへへへへへへへへへへ～いへへへ、へへへ～いへへへへへへへへへへへへへへへへへへへへへ～い、へへへへへへへへへ～い、明日朝5時起きへへへへへへへ～い」

　意味は分かる。翌日が朝５時起きだったのだろう。だってそう書いてあるから。だが、なぜにそれを言うまでに長いストロークを「へへへ～い」に費やしてるのかは全く分からないし全く記憶にない。だって酔ってたから。

（4）「へ～いへへへ～いへへへへへへへへへへへへへへへへへへへへ～いへへへ、へへへ～いへへへへへへへへへへへへへへへへへへへへへ～い、へへへへへへへへへ～い、明日も朝5時起きへへへへへへ～い」

　もはや何を読まされてるのだろうとお思いだろう。俺も何を書いているのだろうと思っている。だがよく見てほしい。（３）と（４）は同じツイートではない。一文字だけ違う。「明日朝５時起き」と「明日も朝５時起き」。きっとアレだね。要するにアレだね。２日連チャンで朝５時起きだったんだね。担当Ｋ氏が怒りと笑いを通り越し歌い出す前に次を最後にしたい。

（5）「う――――――――――――――――――――――――――――――――――
―――――――――――――――――――――――――――――――――――――
―――――――――――――――――――――――――――――――――――――

――――――――――――――――――――うんこっっ」

歌ってると思う。担当K氏はもはや歌ってると思う。なんか、民謡かなんか。というか、（2）と（5）を並記する意味があったのかという気もするが、（2）のシンプルな直球感もいいが、（5）は助走がある分、疾走感、躍動感があってこれも捨てがたい。うそ。捨ててください。すぐに捨ててください。ちゃんと拭いてから捨ててください。

もう本当にアレですね。これからは本当にアレです。もう少し、ちゃんとします。

2021/02/28

●

泥酔ツイート集、再び

現在、ドラマ『ひきこもり先生』の撮影の日々です。

人生損ばかりの「元ひきこもりの50歳男」が中学校の不登校教室の非常勤講師になり、

「今」をもがき苦しむ子供たちと共に、ほんの少し、前を向くおはなし。鈴木保奈美さんや高橋克典さんといった、技術もハートも兼ね備えた共演者の皆さんや、熱のあるスタッフたちと必ずやいい作品にすべく日々撮影してます。ドラマ『ひきこもり先生』は（2021年）6月12日（土）NHK総合でスタート。賑々しくご期待を乞います。

さて。

僕が酔っぱらって呟いた、数々の意味不明ツイートを、以前、当コラムで振り返ったことがあります。

それが思いのほか好評だったので、ウソです、好評だったかは知りませんが、少なくとも僕の知人界隈では好評というか「いいぞもっとやれ」的な感じでしたので、自戒や自省の意味も込め、第2弾をお届けします。届けてほしくなくても無理矢理お届けします。決して書くことがない時のために密かにシリーズ化を目論んでいるわけではありません。書くことがない時のために密かにシリーズ化を目論んでいるのです。

早速。

（1）「いえーい、雨で今日は休みになったでいえーい、ぢちぶぶ」

最初にしては、比較的おとなしい呟きです。これをおとなしいと感じるほどには、他の酔っぱらいツイートがひどいんです。賢明な読者諸兄に慎んで申し上げます。引き返すなら今ですよ。この先、わりとヒドイですよ。これ以上、読み進めるなら、相応の覚悟が必要ですよ。

(2)「やあもう、これは、ふふふ、ねねば。ねねば。知ってる？ねねば。ねねばっていいよね、ねねば。ねねば。いいと思わない？ねねば。ふふふ。楽しいね。楽しいでしょ？ねねば。ふふふ。ねねば。」

あのですね、これ、信じてほしいんですが、ホントにこう呟いたんです。２０２０年12月14日に全世界にこう発信したのです。51歳の成人男性が２０２０年12月14日にこうツイートしたのです。タイムマシンがあったら、２０２０年12月14日の僕に僕はこう言いたいです。「いいから早く寝ろ」と。

(3)「かなり酔、どぅふふん、どぅふふ〜ん、year、oh、year、お、お、お、おれはさ、おれってばさ、名を大鉄、姓は大沢木って、いうんさ、どぅふふん、どぅふふ〜ん、year、oh、year、今夜、帰る家がないんさ〜、oh、year、だって、家が取り壊されたもんでさ〜、oh、year」

どうしましょうねコレ。ホントどうしましょうコレ。ドラマ『浦安鉄筋家族』での役、大沢木大鉄になりきって呟いてるようですが、超テキトーなキャラである大鉄でさえ、こんなよく分からない呟きはしないでしょう。あと、「yeah」と書きたかったのに、全部「year」になっているため、「oh、年」を連呼するという地獄絵図のような呟きです。これをツイートした２０２０年6月15日の僕に僕はこう言いたいです。「いいから早く寝ろ」と。

（４）**「俺はおとならっつよゎとろうが！」**

出ました。酔った人は「俺は酔ってない！」と言い張るものです。察するに、「俺は大人だって言ってるだろうが！」みたいなことを言いたかったのでしょう恐らく。察するに。すごいですね、自分が書いたことを察するって。だって覚えてないんだもん。翌朝見て、「何言ってるのこの人。バカなの？」って思ったんだもん。さあ、悲しくなってきたので次を最後にしましょう。

（５）**「26年僕と一緒にいる君と、その君との間に8年前に生を受けた君。君と君のこれからの人生で、挫けそうになったり、自分がちっぽけに思えることがあったら、どうか思い出してほしい。こそばゆくて悪いが、どうか忘れないでほしい。僕という一人の人間にとって、君と君は、間違いなく、人生の奇跡です。」**

もはやアレでしょうな。皆さんが酔ってると思う。内容の落差が激し過ぎて、皆さんの三半規管が酔ってると思う。ただ、これも紛れもない酔っぱらいツイートです。こうして他の酔っぱらいツイートと並べてみると、もはや情緒不安定の域に達してるかのようですが、こんな酔っぱらいツイートもあるわけです。そしてこれは、「シラフでも変わらず思う」酔っぱらいツイートです。

最後よさげにまとめようとした感が半端ないですが、シリーズ第3弾はないよう、もう少し、ちゃんとします。たぶん。

2021/03/28

ジャージャーの俺

ジャージャーである。

いま愛するMYガラケーには変換予想で当たり前のように「ジャージャー麺」と出たが、ジャージャー麺ではない。麺は余計だ。余計なのだ。俺は、ジャージャーなのだ。

俺はジャージをこよなく愛する。いや、正確にいうと、愛するというより、楽。何度でも言おう。ジャージは楽。ラク。らく。もう、なんというか、「夏は暑い」くらいミもフタもない感じは拭えないが、ジャージは楽なんだよ明智くん。

明智くんはいないし明智くんはジャージ着なさそうだが、俺は違う。着る。着る。そして着る。ジャージを着る。着倒す。いま「きたおす」と打ったら、MYガラケーには変換予想で「喜多男す」となったがそんなことはどうでもいい。ありとあらゆるところで俺はジャージを着倒している。喜多男しているのだ。

かつて自分の主演映画の初日舞台挨拶にジャージを着ていこうとしたら、「気を確かに持て」と妻に言われたことがある。言われたというか、たしなめられた。深く静かにたしなめられた。そんな妻に今朝、「今回のコラムは、ジャージについて書こうと思う」とドヤ顔で告げたら、「一切わたしは関わってないことにしてくれ」と殺し屋の目で言われたが、事実、妻は関係ない。むしろ妻は常に止めてくれる。たとえば「新幹線の中でジャージはさすがにやめなよ」とか。ちなみに現在、仕事で大阪に向かう新幹線の中でこれを書いてるが、俺のいでたちは………ジャージだ!!

妻も最近では半ば諦めているようだが、そう、俺のジャージャージャーぶりは、もはや誰にも止められないだろう。てか、MYガラケーはしつこく「ジャージャージャー麺」と変換予想してくるんだが、麺は余計だってば。俺はジャージャーであり、ジャージャー麺ではないんだってば。こんなに何度も否定していたら、そうなのかもと思っちゃうじゃないか。ん？そうなのか？　多少はそうなのか？　俺、多少はジャージャー麺なのか？　多少はジャージャー麺ってなんだ馬鹿野郎。

これ以上ジャージャー麺に関わっていると冷静さを欠きそうゆえ話を先に進めるが、最近ずっと、ドラマ『ひきこもり先生』の撮影をしているのだが、聞いてくれ、みんな聞いてくれ、衣装が、衣装のほとんどが……ジャージだ!!　つまり、俺はジャージからジャージに着替えて撮影をし、ジャージからジャージに着替えて帰宅する毎日なのだ!!　もう、こうなったら俺、芸名、「佐藤ジャージ」にしようかな。どちらにしろイニシャルは「SJ」だし。

以前、舞台の稽古場にポロシャツとジーンズを着ていったら、皆から「ど、ど、どうしたっていうんですか二朗さん!!」とまるでノーベル賞の式典に出席するような正装で稽古場に現れたごとく驚かれたことがある。

ポロシャツとジーンズというカジュアルな格好でここまでフォーマルを感じさせる人間もそうそうはいないだろう。

さようなら。

2021/04/25

ジョージ・マクパーソンに告ぐ

うーむ。

うむうーむうむむうーむうむむんうむむんうーうむむうむーむうむうむむんうむむんうむむんうーむ。

ない。

ないのだ。

やることが、ないのだ。

やることがまるで見当たらないのだよ諸君。

現在、某日、昼過ぎ。ドラマ『ひきこもり先生』、撮影の空き時間。４時間の空き時間。

ロケ場所の周辺には何も、ない。

なにか読書する本でも持ってくればよかったのだが、特に何も持ってこなかった。

今、共演の鈴木保奈美さんも高橋克典さんも先生役の方々も生徒役の子供たちも皆、体育館で長いシーンを撮影している。

そのシーンに出番のない僕は、控室になっているガランとした教室で、今、ひとり途方に暮れている。

52歳のオジサンが、わりと本格的に途方に暮れている。

ない。

オジサン、やることが、ないのだよ。

……。

そうだ。

コラム書こう。

僕には「AERA dot.」があるじゃないか。

この空き時間、「やることがない」という、あまりに厄介で巨大な難敵に、コラムで立ち向かおうではないか。筆一本（実際にはガラケーをポチポチ打って書いてます）で挑もうではないか。

さて。

………。

………。

………。

ない。

ないのだよ諸君。

書くことがないのだよジョージ・マクパーソンくん。

誰だジョージ・マクパーソンって。

実際にいたらごめんなさいジョージ・マクパーソンさん。

コレしかしアレだな。

わりと字数、稼げてんじゃね？

今までにないほどの改行の濫用や、マクパーソン氏のおかげで、この段階で、わりと字数、稼げてんじゃね？

担当K氏は当然怒り沸騰だろうが、もう全部マクパーソンのせいにして、俺はこのまま書き逃げしよう。

お。

共演の佐久間由衣（さくまゆい）ちゃんが入って来た。

……そうか！　由衣ちゃんも俺と同じく空き時間だ！　一気に俺のテンションは回復した！

アレだぜ。由衣ちゃんとガールズトークでもしてみちゃうぜ。

……ん何？

……へえ～、由衣ちゃん、いま、ファスティング中なの。

そう。ファスティングね。ファスね、で、ティングでしょ？ファスにティングね。いま人気だもんねファスティングごめんファスティングって何？

……あぁ断食のこと……え断食!?　由衣ちゃん断食中なの!?

えぇええ!?　3日目!?　断食3日目!?

み、み、3日間、梅干しと塩、ジュース、水だけなんだ……。

す、す、すごいね由衣ちゃん、ち、ち、ちなみに、なんでそんな大変そうなことするのよ。

……え何……最初私は向いてないと思ったけど、日頃の食事のことを勉強するついでにファスティングに挑戦してみようと思ったの……ふーん……あと何？　……最近ちょっと体が重く感じたから……へぇー……まぁオジサン年がら年中、重く感じてるけどね、主にお腹の贅肉（ぜいにく）……ん？　いま何出した？

本だね、それ。あぁ空き時間に読むために持ってきたんだ……。どんな本？　……朝吹真理子さんのエッセイ……美しい日本語を知りたくて、教養を身につけたくて読んでるんだ……ふーん。

ごめんなさい皆さん、改行を濫用したり、「わりと字数稼げてんじゃね？」とか言ってる場合ではありませんでした。後輩が、26歳の後輩俳優が、自らの知と肉体を磨くため、同じ空き時間にこんなに頑張っているのですよ。

あの、つまりアレです、今日のコラム、なし。なしです。全部なし。全部なしなんだ！なかったことにしてくれ！　忘れてくれよジョージ！　頼むよジョージ・マクパーソン！

こんなにジョージ・マクパーソンに依存することになろうとは思いませんでしたが、宣伝だけはしっかりとさせてもらおう。ドラマ『ひきこもり先生』（全5回）は、NHK総合でいよいよ（2021年）6月12日土曜日から放送スタート。そして僕が原作・脚本・監督をした映画『はるヲうるひと』（主演・山田孝之）は（同）6月4日金曜日からいよいよ全国公開。他のことがウンコでも、精神年齢が6歳でも（↑最近さらに2歳ほど若返りました）、ふざけてるとしか思えないようなコラムを書いても、俳優は芝居に関してだけは特別なんだということを感じ取って頂けると確信しています。是非。

2021/05/23

「受賞歴は『NG大賞』」を脱した日

さた。

おっと。「さて」と打とうとしたら（このコラムの原稿、ガラケーをポチポチ打って書いてるんす）、「さた」になってしまった。

ノッケからなんというどうでもいいことを書いてるんだ俺は。そうなんだそうなんだどうなんだ要するにだ。興奮してるんだ俺は。

ようやく。本当にようやく公開になったんです。わたくしが原作・脚本・監督（あ、出演もしてます）をつとめました映画『はるヲうるひと』、コロナ禍により1年延期になっておりましたが、ようやく。

いつもこのコラムのふざけた内容を黙認してくれている担当K氏だが、今日は本作の宣伝一色になることを、いつもの黙認ついでにさらに黙認してもらおう。黙黙認だ。「もくもくにん」と読んでね。

いやだから興奮してるんです。興奮のあまり、訳のわからないことを書いてるんです。

皆さんも黙認して。黙黙認認だ。もくもくにん、よそう。これ以上ふざけるのはよそう。担当K氏の寿命のためにも。

ココでこんな評価を受けた、アソコでこんな賞をもらった、というようなことを作り手が喧伝するのはあんまり格好よくないと思っているのだが、正直そんなことを気取る余裕は、ない。「観て頂きたい」。とにかくその一心で、もう、なり振り構わず今日は書かせて頂く。まあ、観るかどうかの参考にはなるだろうし、いずれもなんの後ろ楯もなく得た評価だ。遠慮せず、書こう。

さつ。

ごめんなさい、今のはワザと。

さて。

「Third Window Films」というイギリスで日本の映画を配給する会社があります。その会社が2019年（日本公開の前に海外の映画祭に出品してたのです）に観た175本の日本映画の中から「2019年映画ベスト10」という独自のランキングを発表しているのですが、嬉しいことに『はるヲうるひと』を1位に選んでくれています。ちなみに前年の1位は『万引き家族』、その前年の1位は『カメラを止めるな！』。カメ止めは日本でまだ公開していない時期にいち早く第1位として発表したそうです。

『はるヲうるひと』が1位に選ばれたことを、僕は本作の撮影をした神田創氏からのメールで知ったのですが、彼いわく、「このランキングをつけたトレル・アダム氏は海外に良質な日本映画を紹介し続けている人で、日本映画に対して、厳しくも愛のある人」とのこと。本当に光栄だし嬉しいし、なので皆さんにも紹介した次第っす。

また、韓国の江陵国際映画祭では最優秀脚本賞を獲りました。日本で俳優としてもらった賞が「NG大賞」だけだった僕が、まさか異国の地、しかも映画大国の韓国で、最優秀脚本賞を頂けるとは思ってもみませんでした。俳優なのに「書く」欲求を捨てられずにきた僕ですが、「お前は書いていていい人間だ」と背中を押してくれた何人かのプロデューサーや演出家に、少しでも報いられた気がします。

さらにポーランドのワルシャワ国際映画祭の1-2コンペティション部門（長編監督2作目までの部門）に選出されました。僕も現地に行き、ワルシャワの劇場でポーランドのお客さんと一緒に観たのですが、本当にビックリするくらい、笑う場面では声を出してゲラゲラ笑うんです（実は本作、笑えるところもあるんです）。「笑い」こそ海を越えるのは難しいと思っていたので、狙ったシーンでほぼ百パーセント笑いが起きたのは驚きと共に貴重な体験でした。

いやあ、宣伝一色、ごめんなさい。「さた」とか「さつ」とか「もくもくにん」とかふざけてたのが遠い昔のように感じますが、とにかく、公開したばかりの映画『はるヲうるひと』に関して僕が言いたいことは1つだけ。

観れ。

2021/06/06

大きな羽子板の正体

足の短さにおいては他の追随を許さぬ俺だ。

俺の身長は181センチだが、かつて身長167センチの友人と足の長さを比べたら、ほぼ同じだった。

ゴメンちょっと盛った。友人の身長、167センチってことはないな。170センチだったと思います。でも170だとインパクトがね、薄いと思ったの。だから思いきって160センチ台にしてみたの。ごめんね。盛ってごめんね。微妙に盛ってごめんね。盛ったつもりなのに数字は小さくなるという逆転現象を引き起こしてごめんね。

冒頭から微妙な盛りを謝罪することになってしまったわけだが、いずれにせよ、約10センチ、俺より身長が低い友人と、足の長さが同じだったことに変わりはない。

足の短さだけではない。

俺は顔の彫りの浅さにも定評がある。

先日「楽屋の鏡にずいぶん大きな羽子板が映ってるなあと思ったら俺の顔だった」とツイートしたが、本当なのだ。本当に大きな羽子板が映ってると思って、よく見たら俺の顔だったのだ。あとは羽根さえ買ってくれば羽根つきができる、季節外れの正月気分が味わえる、どこに行けば羽根は買えるかな、ドンキかな、ドンキに行けば売ってるかも、あ、マネージャーさん、ドンキに行って、羽根を買ってきてくれますか？　足りるかなコレで、え？　いや〜羽根を買ったことないから幾らくらいか分からないんだけど、とりあえずコレだけ渡しとくから、足りなかったらのちほど払うから、え？　そう？　売ってないかなあドンキ、いやでもドンキは何でも売ってる印象があるからなあ、うん、とりあえずお願いします、え？　いやいや、だってホラ、ここに羽子板があるから、そう、大きいでしょ、この羽子板、せっかくこんな大きな羽子板があるなら羽根つきをやらない手はないでしょ、あ、そうだ！　どうせならお節料理をなんとか手に入れてさ、お酒も買ってきてよ、あ、もうこうなったら凧(たこ)やカルタも手に入れてさ、思いきり正月気分を味わうわけないだろう馬鹿野郎。なぜ止めない。なぜもっと早い段階で止めない。少なくともドンキの辺りで止めるべきだったよ。あやうくマネージャーとお節料理を囲んで宴会が始まるところだったじゃないか馬鹿野郎。

理不尽に逆ギレしてる場合ではない。それほどまでに、羽子板と見まがうほどに、俺の顔の彫りは浅い。なんなら、ない。俺の顔には彫りが、ない。見てみるがいい。俺の顔を。ん？　これは、羽子板か、よし、あとは羽根さえあれば羽根つきができる、ドンキに羽根売ってるかな、あ、マネージャー、悪いけどコレで羽根を買っ……いい加減にしろよ馬鹿野郎。何度このくだりをやらせるんだ。ウチのマネージャー、結構忙しいんだよ、何度も登場させては申し訳ないじゃないか。

もう、今回のコラムで何が書きたかったのか忘れてしまうほどに羽子板とドンキが大活躍してるわけだが、要するに、俺、なんで役者やってるんだろと、たまに思うのである。

能面のような顔に、短足。どうでもいいが今、マイガラケーで「たんそく」と打ったら変換予測の第一候補が「嘆息」だった。正しい。短足で嘆息。嘆息してしまうほどに短足。なんというか、ずんぐりむっくり。ズングリムックーリ。今なんとなく片仮名にしてみたが、というかアレか、身長は高い方なのでズングリムックーリではないか。いいや。なんか気に入ったのでこのまま使おうズングリムックーリ。そんなズングリムックーリな俺がなぜ俳優をやっているのだろうとたまにですが、鏡を見ながら思ってしまうのですよ。

スタッフさん（性別問わず）でたまに、息を呑むような美形な顔立ちやシュッとしたスタイルの人がいると、「なぜに君が裏方で、僕が表に出るのよ」と思ってしまうのです。

芝居のチェックのためモニターを見てたら、「なんだ、この冴えない普通にもほどがあるおじさんは。あ、俺か」となったことは1度や2度ならず、ちょうど3度ある。うそ。486度くらいある。

まあ、だからこそ、俳優で生活できてることにより一層の感謝をしつつ、（2021年）7月10日土曜日は『ひきこもり先生』いよいよ最終回ですと宣伝をブチ込みつつ、このズングリムックーリ俳優をこれからもどうかひとつ。

2021/07/04

「演技派俳優」について思うこと

オーノー。

いや〜もうね、ホントにもうね、後悔してるんです、ホントに心底から後悔してるんですよ。

ちょうど1カ月前、僕はこんなツイートをしました。

「以前、テレビである俳優さんを紹介するのに『演技派俳優』とのテロップ。正直ここまできたかと思った。演技のプロが俳優なんだよ。はるうる、ひきこもり先生、ファブル2、6月の作品、どうか全部観てください。『演技派俳優』という表現が、いかに俳優をバカにした表現が痛切に分かるはずです。」

ぎゃふふーん。いま思い出しても、苦い苦い後悔がよみがえります。

実は、「演技派俳優」とのテロップを目にしたのは、このツイートを書いた、さらに数カ月前のことでした。

その時、思わず僕は、妻に言いました。「さすがにこの表現はなくない?なくなくなくなくなくない?　なくなくなくなくないなくなくなくなくない?」。ごめんなさい、ふざけてる場合ではありませんね。「さすがにこの表現はないよね?」と言ったのです。

妻からは「間違ってもツイッターに書くなよ」と言われ、僕も「分かってるよ、書くわけないだろ」と答えました。

でも、それから何カ月もたったある日の夜、書いちゃったの。酔ってたから。

「酔ってたから、を免罪符にするな」と思われた、そこのアナタ。同感。まるで同感。アナタに百万票。結局酔ってたから許してと言いたいだけじゃないかと思ったそこのアナタ。結局酔ってたから許してと言いたいだけなんです。

あと、要するに宣伝をしたかったんですな。『はるヲうるひと』『ひきこもり先生』、『ザ・ファブル 殺さない殺し屋』(江口カン監督、2021年)、頼むから全部観てくれと。全部観てくれたら、俳優はひとつのイメージで捉えられるものではない、ひとつのイメージで捉えられるのはある意味仕方ないことだし、何よりそれはこの上なくありがたいことでもあるが、でもひとつでは捉えられない、僕に限らず俳優には無限の、本当に無限の可能性があるんだぞ、そのことが、全部ご覧になったらきっとお分かり頂けるぞ、と。

とにかく。

件(くだん)のツイートを戒めとし、それ以降、酔った状態ではツイートしない(馬鹿みたいな意味不明ツイートはするかもしれないが)ように厳に自分に言い聞かせております(と、この原稿を書いた7月14日の夜、酔って呟いてしまった。どうしても遅い時間に番宣したかったの。ごめんなさい)。

ただ、これは正直に言いますと、僕、ずっと以前から、「二朗さん、演技が上手ですね」と言われることに、かなりの違和感がありました。プロ野球選手に「野球、上手ですね」と言うことがどういう意味を持つかと感覚的には近い気がします。

無論、俳優というのは、30年その道でやってきたベテラン俳優が、子供や動物に「喰われる」ことが往々にしてある世界です。

さらに演技経験のない人が、素晴らしい空気を醸し出すことも本当にたくさんあります。現に、僕が監督した映画『はるヲうるひと』では、山田孝之や仲里依紗、坂井真紀という、僕が心から凄いと思える歴戦の俳優陣を配する一方、重要な女郎役を、経験がなく、映像作品はほぼ初めての駒林怜さんという21歳の女の子をオーディションで選びました。

そして、これは避けて通れぬことだと思いますが、残念ながらプロといえるような基準に達していないにも関わらず配役されることも現実的にはあるようです。ただ、これも、行政的な事情（も、もちろんあるでしょうが）、それだけでなく、俳優というものが、野球選手のように成績が数値化されない、芸人さんのように返ってくる笑いの多寡が分かりづらい、未経験の人が爆発的にいい仕事をする可能性がある、ということも理由としてあるような気がしています。そしてこれは言うまでもないことですが、作り手たちは、良い作品を皆様に届けるため、日々、本当に心血を注いでいます。当たり前の、本当に当たり前のことではありますが。

件のツイートのあと、僕は「演技派俳優」という表現が使われるのは、「僕ら側にこそ責任がある」とツイートしました。そして「演技派俳優」、もちろん誉め言葉として使われているのは百も承知の、この「演技派俳優」という言葉は、「演技できない俳優もいるぞ」という痛烈な皮肉の意味も込められてる、込められてなくとも、込められてると、もう、こうなったら自分の中の被害妄想的な部分をフルに活用し、自分のために、俳優のために、皮肉なんだとしっかりと受け止め、さらに切磋琢磨しなければと自分に言い聞かせています。

イチローさんがドラマ『古畑任三郎』（フジテレビ系列）に出た時、顔合わせと本読みの席上で、たった1人、台詞（せりふ）を全部覚えてきたという話を聞いたことがあります。僕もそれなりの数、ドラマの顔合わせと本読みに参加しましたが、その時点で台詞を全部覚えてくる俳優なんて、今まで1人もいません。

驚いたスタッフにイチローさんは言ったそうです。

「プロの皆さんの中に、たった1人、プロでない自分が参加するのだから、これくらいはしなければと思った」

件のツイートで僕をこっぴどく叱った妻は、僕にこう言いました。

「作品で見せろよ」
精進します。とにかく。

2021/07/18

「影響交換」上等！

私ね、中学生や高校生の時ね、授業でね、板書（ばんしょ）するでしょ、板書。いま板書って言わないのかな。要するに先生が黒板に書いた字をね、生徒がノートに書き写すことね。それを板書っていうんだけどね、その板書をするとね、必ず僕はね、先生の字の「影響」を受けたのね。モロに受けたのね。どういうことかと言うとね、たとえば先生が黒板に書く字がカクカクした字なら自分がノートに書く字もカクカクになるし、丸っこい字なら自分の字も丸っこい字になるのね。あ、ごめんなさいね、どうしても心配だから言っときますとね、「カクカク」と「書く」をかけたわけではないからね今。これは言っときますね。自分の尊厳のためにもこれは言っときます。なんの話だっけね。あ、そうそう。とにかくそうなのね。ホントにね、先生の字のね、影響をモロに受けたんです、私。

ノッケからなんの話だとお思いだろうし、自分のなかではマギー司郎さんの口調で書き始めたつもりだったが最後まで持ちそうにないし何より効果があまりに未知数ゆえ普通の口調に戻すが、要するに、僕は昔から、人の「影響」を受けやすいということなんです。

字に限らず、人にああ言われたからああかな、そう言われたからそうかな、人がああやったからああやろう、こうやったからこうやろう。親や先生などの大人はもちろんのこと、同級生や先輩や後輩に、さらにはテレビで見たあの人この人に、近所のおじさんおばさんに、とにかくすぐ影響を受けちゃうんです。

これ、昔はイヤでした。自分の中の、イヤな部分でした。なんか、自分がないみたいというか、没個性って感じがしたんですね。

ただ、現在僕の仕事になっている俳優として考えても、やはり今まで僕は、本当に数多の俳優、作品に影響を受けてきました。

そして、今まで出会った、僕を見出してくれたり、今も一緒に作品を創るクリエイターたちは、それぞれがそれぞれの視点で、ホントにこの人は、いったい僕の何を見て、この役にしたんだろうと思うくらい、それぞれがそれぞれに僕が思ってもみなかった僕の部分を引き出してくれます。どう考えても、僕には見えないものが彼らには見えてるとしか思えない。そのクリエイターたちが僕を面白がってくれるのが凄く嬉しいと同時に、僕もそんなクリエイターたちが凄く面白いと感じられて、信じられて、彼らに「影響」を受けたいし、実際に受けることができるから、一緒に作品を創ることができると思うんです。

だから、昔は自分のイヤな部分だったんですが、今はこう思ってます。どんどん人から影響を受けていこう、どんどん感化されていこう、人のモノマネをしたっていいし、自分の考えが、人の考えを聞いて変遷したってエエやないか。

無論、「譲れぬもの」があってよしだが、その譲れぬもの以外は、なんというか、ふにゃ〜ん、ぽにょ〜んでヘラヘラしててもいいではないか。あのね、もっと言えばね、そのね、「譲れぬもの」でさえね、人の影響を受けてね、変遷をね、したっていいと思うわけね。

突然マギー司郎氏が復活したわけだが、とにかく、自分だけで強引にゴールを決める（局面もあるだろうが）のではなく、人に影響を受け、時には与え、他者との影響交換大市場で誰かがゴールを決める方が愉しいでないの。

ま、ただし、人に影響を受けた結果が凶と出ても、責任は自分。どんな人からどんな言葉やどんな動きでどんな「影響」を受け、どう自分に落とし込むかは自分次第。責任所在地は、あくまで自分。その覚悟をひっさげて、人から影響受けるの大好き。その影響で変わっちゃう自分はもっと大好き。

なんだよ結局、自分大好き人間なんじゃねえかとなったところで、人から貰う、人に渡す、そんな影響循環が愉しいと感じる52歳の夏なのです。

2021/08/01

未来の息子に読ませたい本

先日、自分の部屋で書きものをしていたところ、息子が部屋をノックしまして。その時、妻は買い物に出掛けており、家には僕と息子の2人。で、「お父さん、暇だから遊ぼうよ」と。

一応、夏休みの宿題の、今日のノルマはやり終えたようだったので、「じゃあ、お父さんの宿題（息子にしっかり宿題をやらせるため、家では台詞覚えや執筆作業などの仕事を「お父さんの宿題」と呼んでいる）が終わったら遊ぼう。それまで、これでも読んでなさい」と、本棚でたまたま目についた、僕のツイートをまとめた本、『のれんをくぐると、佐藤二朗』（山下書店）（あの、タイトルです、本の）を息子に渡しました。

息子が小学校にあがってからは、妻との約束で、息子のことは極力ツイートに書かないことにしてるんですが、何年か前、3歳とか4歳の時に自分がいかにオモロイ発言をしたか、きっと覚えてない発言もあるだろうけど、とにかく「今」の息子が、過去の自分の発言に対してどんなリアクションを示すのか、興味があったのです。

執筆作業をする僕の背後で、食い入るように、過去の己の発言を読み漁る息子。

……（真剣に読み）静寂。爆笑。静寂。爆笑。静寂。爆笑。静寂。爆笑。静寂。爆笑。めっちゃいい客。

てか、過去の自分の発言に爆笑してるわけですから、めっちゃ自画自賛。まあでも、自分でもそんなオモロイ発言をしたこと、ほとんど覚えてないんでしょうな。なにせ3歳や4歳の頃の発言ですから。

ただ、あんまり笑うので僕もなんだか嬉しくなり、そんなわけでそのいくつかを今回、ご紹介します。そして、あの、過去ですからね。息子の過去の発言ですから。さすがに今の息子は、あの頃より大きくなったので、これから紹介するような常軌を逸した発言はしなくなりました（↑これをしっかり書かないと妻に怒られるんです）。
では。

「いらっしゃ〜い、このタコはおおきいですよ〜、このイカはめずらしいですよ〜、このエビはしょうみきげんぎれですよ〜」

序の口。明らかに儲ける気のない魚屋さんごっこでの発言だが、これくらいはまだ生やさしい。

「♪ぼんぼんぼんぼんぼっぼんぼん、ちきゅう！　ちきちき！　うんこ！　うんことちきゅう！　ぼんぼんぼんぼっぼんぼん……（以下、延々リピート）」

さあ来ました。うんこ来ました。ちなみにこの歌のタイトルは「ちきゅうとみらい」。地球の未来を憂う歌だと思われます。知らんが。

「おとうさん、すきじゃない。だっておとうさん、ちんちんだから」

ちなみに現在の息子が一番爆笑した発言。そら父をちんちん扱いしたんだから。爆笑するしかないわな。

「おとうさんのかお、ぶさいくだからおけしょうすれば？」

続く父への辛口評。もしくは容赦ない提案。次はその辛口が妻に飛び火した発言。というか歌。

「♪おかあさんは～、はちじゅうきゅうさい～」

こんな血も涙もない歌を僕はかつて聞いたことがない。

「ねえ、おかあさんは、おんな？」

妻への飛び火、エスカレート。父としてもあまり関わり合いを持たぬ方がよさそうな発言。続いては、当時の息子がハマっていた三択問題。

「くるまには、サがつく、かがみがあります。つぎのどれ？（1）さいどみらー（2）らいと（3）めがね」

多分これ、（1）を言ったあと、（2）と（3）はどうでもよくなっちゃったんでしょうな。サ、つかないし。（3）に至っては、もはや車と関係ないし。続いても三択問題。

「おとうさんは、なんでしょう？（1）にんげん（2）おとこ（3）ぶさいく」

戻ってきた飛び火。再燃する辛口評。そして、全部正解。

「宿題食べないとオヤツあげないよ」

あ、これ妻の発言だった。何度も言ってるうちに言い間違えちゃったんでしょうね。ちなみに息子は素直に宿題の紙、かじってました。

とまあ、ほんの一部をご紹介したんですが、ツイートをまとめた本はもう一冊、『佐藤二朗なう』（ＡＭＧ出版）（あの、タイトルです、本の）も出てます（↑結局宣伝）。そして前述した息子発言が収録された『のれんをくぐると、佐藤二朗』には、こんなツイートも収録されてました。

「自宅晩酌なう。すぐ先に熟睡する息子のツムジが見える。嫁が昔『髪の生え方さえ癒やされる』と言った。正直、親は常に子供にゾッコンよ。ゾッコンＬＯＶＥよ。いつからっすら髭が生え、『うぜえよ』と言われるのだろうが、君のツムジにさえ癒やされたんだよという事実を、一応ここに書いとく。」

現在、そして未来の息子に、また、この本を読んでもらえたら、と思っています。

2021/08/15

依存症

うーむ。

いかん、いかんぞ。

依存である。もはや、これは完全に依存である。

生粋のアナロガーとして、いまだガラケーを駆使する俺だが、既報の通り、既報というか自分でいつかツイッターに書いたか、このコラムに書いた（どっちに書いたかはよく覚えてない）だけだが、要するに俺は、俺様は（↑謎の威圧）、あ、ごめん、「俺様」で思い出したが、昔、当時４歳くらいだった息子と妻がアンパンマンごっこをしていて、当たり前のように悪役のばいきんまんにキャスティングされた妻が、魂のこもった渾身の演技で「我が輩は～」とずっと言ってたんだが、俺は心の中で「それ、正しくは、俺様じゃね？」と思ったが、あまりの妻の迫真の演技に圧倒され、正しくはドン引きして、結局言い出せなかったんだよなあ。懐かしいなあ。

さあ。ノープランで思いついたことを思いつくままにつらつら書き殴るのは当コラムの平常運転だが、そのおかげで冒頭の「依存である。もはや、これは完全に依存である」という文がなかったことのようになってるし、正直俺も何が書きたかったか半分忘れかけてるわけだが、要するにミスター・アナロガーの俺は、俺様は（↑もういい）、なんと今は、タブレットを使っているのだ。

思いきり引っ張ったわりには全然普通のことじゃんと思うなかれ。いまだガラケニストの俺が、タブレットを使っているというのは、もはやなんだろう、未曾有の大事件（↑俺界隈限定）なのだ。

通い始めて20年以上になる行きつけの美容院で、あ、その美容院は俺と同世代の木原さんというご夫婦が営んでいるのだが、髪を切られてる時に、俺が初めて何気ない顔でおもむろにタブレットをやり出したらご主人は、

「！！！！！！！！！　そ、そ、そんな、馬鹿な！！！！！！　ちょ、ちょ、ちょっと！！　〇〇（奥さまの名前）！！！　き、き、来てみろ！！　いいから来てみろ！！　じ、じ、じ、じ、二朗さんが！！　じ、じ、じ、二朗さんがタ、タ、タ、タブレットををおぉおおをををおおおおおおをををををを！！！！」

「何を馬鹿なこと言ってるのよ、そんなこと、あるわけ、ギャッ！！！！！！！！！！！！や、や、や、やめてぇぇえええー！ー！！！！！！！　た、た、た、助けてぇぇえええー！ー！！！！！！！　じ、じ、じ、二朗さんが！！！！　二朗さんがタ、タ、タ、タ、タ、

タブレットををおぉおおををををおおおおををををを！！！」

と、2人とも大変に驚いたのだ。いくらなんでも大袈裟だとお思いになるかもしれない。もちろん99%ほど大袈裟に書いてるが、そして大いに字数を稼げて木原夫妻には感謝の至りだが、しかし実際かなり驚かれ、「全然見慣れない」「てか、似合わない」と言われたのは事実だ。

そう。その、似合わないタブレットに最近俺は、完全に依存してるのだ（↑ようやく本題）。ネットにハマり、ネットサーフィン（↑最近覚えた言葉）をやり、面白い動画を見漁ったり、インストール（↑最近覚えた言葉）したゲームにハマってしまったり。

もちろん格段に便利になった。書きものをしていて、何か調べたいことがある時など、以前とは比較にならないほど手軽に情報に辿りつけ、それはもう夢のように便利で重宝している。

だが厄介なのは、なかなか眠れない夜だ。

ムクッと起き、ついついタブレットに手が伸びてしまう。そしてネットサーフィンや、動画を見て、どんどん夜が更けてしまう。実際に昨夜もそうだった。

俺は悟った。いま悟った。寝る時に、タブレットの充電を俺の部屋でするから、誘惑に負けてすぐ手が伸びてしまうのだ。

決めた。俺は今、決めた。
タブレットの充電、別の部屋でやろう。
大人がくだしたものとは思えぬ結論を皆さまにお届けしたところで、
皆さまもホント、依存には気をつけてね。

2021/08/29

妻の残酷名言集

担当K氏の提案でして。

「二朗さん、奥さまの残酷名言の数々を集めてみてはどうでしょう」

今回、それ、いきます。ただ、全部を集めたら、おそらく電話帳くらいの分量になりますゆえ、まあ、ほんの、ほんの一部ではありますが、妻、いわゆるマーツーの残酷名言?迷言?をここにご紹介。

「君の顔、便器に似てるね」

ちょっと待て。いきなり飛ばし過ぎか。いや、事実そう言われたのだから仕方がない。もはや残酷発言では生ぬるい。悪魔。悪魔的発言。

「何を着ても作業服」

「年末年始を狙った空き巣にしか見えない」

一挙二発言。いずれも私の、わたくしめの私服に対するダメ出し。ダメ出しというか、攻撃。口撃。ほぼテロ。マーツー、悪魔かつテロリスト。

「いやだ」

何年か前、息子が幼稚園に通ってた頃。幼稚園に行ってる間、久々にマーツーと2人きりになったので、「お父さん、お母さんじゃなくてさあ、久しぶりに、下の名前で呼び合おうか」と提案したところ、即座に提案粉砕。たった3文字で粉砕。

「頭の中、お花畑ですから」

ドキュメンタリー番組『情熱大陸』（MBS制作、TBS系列）での発言。ディレクターに、酔っ払って惚気（のろけ）ツイートする僕への感想を聞かれての発言。ごめんコレに関しては、事実だから何も言えまへん。

「あ？　だから？」

これも何年か前の発言。マーッーの誕生日に、「君が俺を知らずに生きてきた年数と、俺と一緒に生きた年数が、今日で同じになったね」との言葉を贈ったら、この反応。ちなみに煎餅をボリボリかじりながら。煎餅をボリボリかじりながら、お花畑の発言を粉砕。お花畑、わりと粉砕しがち。花、散りがち。

「我が輩は」

このまま残酷発言を記し続けると私が吐きそうになるので、少し毛色の違う発言を。息子が4歳くらいの頃、アンパンマンごっこで、マーッーがばいきんまん役をやらされてる時の発言。もちろん正しくは「俺さまは」。ただ、あまりに渾身の、熱のこもった演技で何度も「我が輩は〜！」と叫んでいたので、ついに指摘できずにアンパンマンごっこの幕は閉じた。

「エンジンの掛け方を忘れた」

ペーパードライバーまっしぐらのマーッーの発言。ちなみにマーッー、ゴールド免許。エンジンは掛けられないが。

「なんでそんな面白いこと、私がいない時にするの？」

再び残酷発言。マーッーが不在の時に、僕がギックリ腰をやった時の発言。あのですね、僕ら夫婦はラブラブだからね。あくまで僕らはラブラブだから。ラブラブなんだよこの野郎。

「君の耳、五つくらいあったらいいのに」

耳かきが大好きで、大抵の機嫌は耳かきで直るマーッーの無茶な要求。

「耳」

そんなマーッーに「君は俺と結婚したの？それとも俺の耳と結婚したの？」と聞いた時の発言。ちなみに即答。

「ウンコとおなじにおいはどれでしょう？　(1)ウンコ　(2)おしっこ　(3)おとうさん」

あ、ごめん、コレ息子の発言だ。息子が3歳の時の発言だ。そして世界の中心で答えは(1)だと叫びたい。

「お父さんはね、ふざけるのが仕事なの」

5年ほど前、ドラマ『勇者ヨシヒコ』シリーズ（テレビ東京系列）の仏を初めて息子に見せた時、「なんでほとけはふざけてるの？」という、純朴な子供の問いに対するマーッーの豪速球発言。

いかがであろうか。まあ正論と言えなくもない発言から悪魔的発言まで、妻の残酷発言の数々をご紹介してきたが、改めて言っておくね。

氷山の一角です。そして、ラブラブです。

2021/12/05

信じられない重み

重い。

重い。

重くて重くて、そして重い。そして……重い。

昨夜、呑み過ぎて頭が、ではない。

わりとそういう時はありがちな俺だが、今回の「重い」は、二日酔いの頭のことではない。

鎧(よろい)だ。

鎧が、もう、ちょっと信じられないくらい、重くて重くて、その上に重くて重い。身につけるものとして、こんなに重いのはちょっとありえないくらい重いので、ひょっとしたらコレは軽いのではないかと思ってしまうくらい、重い。

早くも何を言ってるのか分からなくなってきているが、本当に何を言ってるのか分からなくなるくらい、重い。

現在撮影中の、某ドラマでの話。

そこで戦のシーンの時、僕は鎧の中でもさらに重い、大鎧とスタッフさんが呼んでいる鎧をつけるのだが、これがもう、泣いちゃって笑っちゃって、泣いちゃったことも笑っちゃったことも全部忘れて気づいたらチビってたというくらい重い。

僕が鎧をつけるのは、話数がそれなりに進んでからだったので、「覚悟した方がいい。死ぬほど重いから」という、先に鎧のシーンを経験した他の俳優さんからの助言や、「肩がとんでもなく痛くなるので、普通は膝や肘に当てるパットを、肩に当てた方がいい」という衣装さんからの助言を、半ば信じられずにいた。

いや、だって、身につけるものなんだから。それを身につけて、歩いたり走ったり、激しい殺陣をやったり、足場の悪い山道や草むらを縦横無尽に動くんだから。しかも短時間でなく、長時間の撮影ともなったら……みたいなことを考え、いくらなんでもそこまで重いのはありえないだろう、皆さん、少し大げさに言って、僕を脅してるんだろう、くらいに思ってた。

甘かった。それはそれは甘かった。井戸田潤さんが一万人集まり、例のギャグを一斉に拡声器で合唱したとしても、俺の認識の方が「甘〜い！」だ。

肩にパットを入れても（いわゆる肩パットではなく、通常は膝などの衝撃を和らげる防御用パット）、大鎧の重量は肩に食い込み、徐々に痛みを感じ、肌には跡が残る。鎧だけでなく、様々な装具で重装備するので丸椅子にしか座れないのだが、ただ座ってるだけで、どんどん重量が身体全身にのし掛かる。のし掛かるという表現では生ぬるく、そのとんでもない重量が体に食い込み、蝕み、襲いかかる。実際、楽屋でただ座ってるだけなのに心臓の鼓動がどんどん速くなるのを感じた。階段も何人かのスタッフさんが補助をしてくれて、やっとのこと昇れる。

そしてですね、実はですね、さらに、さらにその上に、兜を。兜を頭につけるのですよ。担当スタッフさんに、兜をつけるシーンを撮影する前日、「兜の中に綿とか入れてるんですが、それでも大変だと思います。首にかなりの負担が掛かると思います」と言われ、戦々恐々で当日撮影にのぞんだんですが、もう、とんでもなかったです。

首が……首が……ギャオオオオ！！って感じ。ＧＹＡＯ！で配信中!!って感じ。いや、そんなことを言ってる場合ではないのよ、マジで。大鎧をつけ、その他、名称の分からぬ様々な装具を山のようにつけて重装備して、さらに兜を頭につけたあと、一切動いてないのに、30分くらい経ったところで私、脂汗が全身から大量に噴出して、ガチで気持ちが悪くなってしまいました。

当時の人たちは大変だったんだなあ、とまさに体で思い知るのと同時に、本当に俳優は肉体労働なんだと改めて思います。そして、俳優は与えられたものをやるしかないとはいえ、僕の偉大なる先輩方、昔の俳優さんは本当に大変だったし、本当に凄かったんだなあと敬意を新たにします。

ただ。

今は様々な技術が発達した令和。そして僕は痛みに弱い、精神年齢6歳児。

あの～、もう少しだけ、軽くなりませんかね。

2021/12/19

ヤマナミ（仮題）

未発表
（AERA dot. 2022年11月20日公開記事より一部抜粋）

○どこかの一室

白いガウンを着て、ソファに座っている男、一通（いっつう）。
ベッドに浅く腰掛けている若い男、河崎。
二人は小声でボソボソと何やら言い合っている。

一通「なんで？ いいじゃん、なんで？」
河崎「いや、そういうのはちょっと」
一通「なんで？ いいじゃん」
河崎「いや、ホント」
一通「いいじゃんいいじゃん」

何かをやらせようとしている一通、それを拒む河崎。
（※言葉が被ったり、聞き取れなくて聞き直したりなどあってよい）
しばらくその応酬が続き、やがて…。

一通「…堅いね。緊張してる？」
河崎「いや別に」
一通「…お友達多い方？」
河崎「…まあ」
一通「うん」
河崎「…」
一通「何、ためるじゃん。引っ張るじゃん。そういうの引っ張るって言うんでしょ、ね、業界用語で、ね、お前引っ張りすぎだよ〜とかって、今の若い子たちって、ね、業界用語で」
河崎「（苦笑）いや…」
一通「え？」
河崎「それも、」
一通「（殆ど同時に）だってさ、」
河崎「（被ったので黙り）…」
一通「うんごめん、何？」
河崎「いや、それも、ちょっと『今さら』な感じが」
一通「え何？ 今さら？」
河崎「いや、『引っ張る』って」
一通「え何？ 何が？」
河崎「『引っ張る』って、もうみんな当た

一通　り前のように…」
河崎　「わかんないよ、おじさんテレビ見ないから～」
一通　「おじさんって僕もおじさんですよ」
河崎　「うそ、いくつ？」
一通　「いくつに見えます？」
河崎　「うわ。ノッてきた。やっとノッてきたでしょ、違う？ね？おぬしノッてきたな、ね、そうでしょ」
一通　「いや別に」
河崎　「またあ。も、何の話してたか全く忘れちゃったね」
一通　「友達多いかどうかって」
河崎　「そう。すごい。そごい記憶力、そごいって言っちゃった」
一通　「少ないですよ、友達」
河崎　「なんていうの？」
一通　「…は？」
河崎　「名前」
一通　「え、僕の？」
河崎　「…」

一通　「…アキラです」
河崎　「違う。源氏名じゃなくて」
一通　「え？」
河崎　「本名」
一通　「…河崎です」
河崎　「へーすごい、いいじゃん。カワサキって神奈川県の川崎？」
一通　「いやちがくて、河崎のカワは、さんずいの…」
河崎　「下は？」
一通　「え？」
河崎　「下」
一通　「…忠明」
河崎　「へーいいじゃん。タダアキ。タダアキって感じだもんね、どっからどう見ても」
一通　「そうかな～」
河崎　「…タダアキはさ、」
一通　「（殆ど同時に）僕はこの名前、（被ったので）…あ、ごめんなさい、どうぞ」
河崎　「ううん、いい。…タダアキから先喋って」

河崎「いや……僕はこの名前、」

一通「(殆ど同時に)昔はさ、」

河崎「…(と、黙り)」

一通「…いいね。被るね。先程から往々にして被るね。これは何?二人の波長が尋常じゃなく合うという、何?前触れ?啓示?なんか…神的な」

河崎「…」

一通「何?タダアキってどういう字書くの?」

河崎「えっと、タダは、えっと、関ジャニの大倉忠義くんと同じ忠で、アキは…」

一通「ね、突然の質問タイム。関ジャニの大倉くんと横山くん、どっちが好き?」

河崎「えーどっちかな」

一通「どっち?」

河崎「どっちかっていうと、大倉くんですかね」

一通「…(不機嫌に)」

河崎「…」

一通「…じゃあ、V6(ブイシックス)だったら?」

河崎「あの、お客さんは?」

一通「三宅くん。一択」

河崎「そうじゃなくて、名前。お客さんの」

一通「……教えない」

河崎「そうですか」

一通「うわ、早いじゃん、引き際早いじゃん、もう少し食いついてよ。食いつくって言うんでしょ、ね、今の若い子たちって、業界用語で、ね、食いつき悪りぃよーとかって、ね」

河崎「はあ…」

一通「ね」

河崎「はい」

一通「ね」

河崎「はい」

一通「ね」

河崎「…」

一通「ね」

河崎「…」

一通「ね」

河崎「…はい……あの、しないんですか?」

一　通　「え何を?するよ。勿論するけどさ、そりゃ。こうやってお話とかもしたいじゃん」

河　崎　「一時間ですよ」

一　通　「いいんだよ、タダアキは、カワサキタダアキはそんなこと気にしなくても」

河　崎　「しなくても金はもらいますよ。俺としては、」

一　通　「え、待って。俺って言うんだ。ね。自分のこと、俺って言うんだ」

河　崎　「…」

一　通　「……男の子だね。で、何?俺としては何?」

河　崎　「…」

一　通　「何～また堅くなってんじゃない?どうした。どうしたどうした」

河　崎　「いや別に」

一　通　「堅いよ。なんか飲む?」

河　崎　「あ、はい。じゃあ…」

一　通　「いいよ、なんでも言ってごらん。水しかないけど（と、突然笑う）」

河　崎　「…」

一　通　「（常軌を逸したように笑う）」

河　崎　「…」

狂気のように笑う一通。

…と、河崎、懐に手を入れる。

○どこか（外）

遠くを見つめ、立っている少女、綾子。

綾　子　「ラクダラクダラクダラクダラクダラクダ…」

遠くを見つめながら、小さく「ラクダ」を繰り返し呟いている少女。

○元の一室

まだ笑っている一通。

河崎の手は懐に。

一　通　「あ～おっかしい、今のウィットおっかしい（と、笑い止む）」

河崎　「…（懐から何事もなくそっと手を抜く）」

一通　「（河崎に）ね、楽しい？今のウィット楽しい？」

河崎　「あ、はい。あの、でも水でいいです」

一通　「何言ってんの。ビールもワインもあるよ」

河崎　「じゃあ…どうすっかな」

一通　「（真似して）どうすっかな。はい、いいよ、言って」

河崎　「じゃあビールを」

一通　「いいねぇ」

と、冷蔵庫の中から缶ビールを二つ出し、一つを河崎に渡す一通。

一通　「何に乾杯する？ね、何に乾杯しよっか？」

河崎　「いや別に」

一通　「口癖？」

河崎　「え？」

一通　「いや別にって、口癖でしょ？」

河崎　「あ〜」

一通　「うん」

河崎　「別に」

一通　「ガク。（と、滑らせた肘を指し）これ見てこれ見て。ガクー（と、また肘を落とす）。ね、もう『別に』禁止。『別に』禁止令、発令（と、また爆笑）」

河崎は笑えず、一口だけビールを飲む。

一通　「今のはヤバイ。禁止令はまだしも、発令はヤバイ。発令は超ヤバイ。（河崎に）ね、もっと面白いこと言ってあげよっか。ね」

河崎　「あ、はい」

一通　「ね」

河崎　「はい」

一通　「面白いこと言われたい？ね」

河崎　「はい」

一通　「ね」

河崎　「はい」

一通　「言われたいでしょ？ね」

河崎　「はい」

一通　「ね」

河　崎　「はい」
一　通　「あのね、道端に犬のウンコが落ちてました。それを手で拾って言いました。『ああ踏まなくて良かった』（と、爆笑）」
河　崎　「…」
　　爆笑している一通。…と、突然、
一　通　「（激高）笑えよ!!」
　　瞬間、ビクッとする河崎。
　　静まりかえる二人。
　　……と、
一　通　「…うそ。（嬉しそうに）今びっくりしたでしょ？ね、今びっくりしたでしょ？」
　　この時、河崎の様子がおかしくなる。
　　腹を押さえ、苦悶の表情になる。
一　通　「…あら？どした？」
河　崎　「…（苦痛に歪み）腹が…」
一　通　「腹？どした？痛い？」
河　崎　「（痛くて）グッ」
　　河崎、腹を抱えたまま、ベッドから崩れ落ちる。
　　…テーブルの上には、河崎が一口だけ飲んだ缶ビール。
河　崎　「（増していく痛みに必死に耐え）」
　　河崎、腹を押さえながら、懐に手を入れる。
河　崎　「（苦痛に耐えながら、一通を見上げる）」
　　と、一通は何か棒状の物を持って、河崎を見下ろしていた。
河　崎　「（苦痛に歪み）」
一　通　「（静かに見下ろし）」
河　崎　「（と、懐から何かを抜いた!!）」
　　次の瞬間、一通は持っていた棒状の物を、思い切り河崎の頭に振り下ろす。

○どこか（外）

　　綾子が遠くを見つめている。
綾　子　「ラクダラクダラクダ…」
　　綾子は呟きながら、レンタルボッ

クスのようなところに向かい、歩いていく。

○元の一室

綾子「ラクダラクダラクダ…」
　　呟きながら綾子が中に入ってくる。
綾子「…」
　　血まみれになった河崎の遺体。その河崎の手には植木鋏。
　　傍らにいる一通は自分の持っていた棒状の何かを捨て、河崎が持っていた、その植木鋏を手に取る。
一通「(見て)…いろんな武器があるもんだ」
綾子「…あ、海の匂いや」
一通「(植木鋏をいじりながら)しねーよ」
綾子「え、するて」
一通「知らねーし、海の匂い。海、見たことねーし」
綾子「え?自分、見たことないの?海」
一通「ないよ」
綾子「自分、山育ちか?」
一通「いや。海育ち」
綾子「なんや、それ」
一通「海育ち…らしい」
綾子「は?」
一通「家のすぐ近くに、海があった、らしい」
綾子「自分多いな、『らしい』」
一通「覚えてねーんだよ、なーんも」
綾子「…」
　　一通は、植木鋏を一心にいじっている。

●

残念ながら実現に至っていない映画シナリオの「冒頭部分」です。「一通」を僕が演じるつもりで書きました。

第5章

占い師曰く、精神年齢6歳らしいです

毎年恒例、新年の抱負

明けましたな、年。

2022年もこの僕をどうかよろしくお願いしたい。

この文が配信されるのが、2022年1月2日。確か、去年も正月三が日のどれかに配信された記憶がありまして、去年のをちょっと見てみました。

どうです。新年明けて2日目でいきなり去年を振り返るという大技。

そんなことはいいんですが、やっぱり去年も1月3日に配信されてました。

で、去年の文では、その年の目標として、「精神年齢を9歳にする」と、とても大人が書いた文章とは思えないことが書いてありました。

当時僕は、精神年齢8歳を標榜しておりましたので、精神年齢を1歳引き上げることを、年のはじめに堅く誓ったのです。

しかし実際は、去年、ある番組で占い師の方に精神年齢を占ってもらった結果、6歳であることが判明いたしまして、まさかの精神年齢引き下げの憂き目にあったのでございます。

ですから２０２２年の目標としましては、是が非でもこれ以上の精神年齢引き下げを食い止めたい。死物狂いで精神年齢引き下げを食い止めたい。清水の舞台から飛び降りるつもりで食い止めたい。

ごめんなさい若干たとえを間違えましたが、そして52歳にして精神年齢６歳というのは、もうすでに清水の舞台から３回くらい飛び降りてるような気もしますが、とにかく、もはや私には後がありません。なんとか６歳で食い止めねば。これ以上の精神年齢の引き下げは52歳の大人のメンツにかけて是が非でも食い止めねば。

このまま下げが止まりませんと、しまいには私、今年84歳になる母の胎内に還らねばなりません。

ごめんなさい私、新年早々一体なにを書いてるんでしょうか。

まあ要するに私ね、年が変わったからこんな抱負とか、年のはじめにその年の目標とか、そういうの、あんまりないんですな。あはははははは。

無責任に笑ったついでにさらに無責任なこと書きますと、今回のコラム、締め切りが２０２１年の12月31日でして、さすがに大晦日は何も仕事したくなくて、つまりぶっちゃけ、これ書いてるの、２０２１年12月26日なんです。正直今の私、年越し蕎麦のことで頭いっぱいなんです。だからなんつーの、新年の抱負とかよく分からんのだよ諸君、あはははは。あーはははははははははははは。

「今年もこんな調子か」と担当K氏が頭を抱えている姿が目に浮かぶようですが、はい、今年もこんな調子で参ります。

２０２２年、頑張りましょうぞい。

2022/01/02

「マックスで15歳」と言われた漢

ひとつ、ご報告。

ドラマ『ひきこもり先生』が、ＮＨＫ編成局長特賞を受賞いたしました。

事前の丹念な取材やホンづくり等の熱、そして現場の演者やスタッフたちの熱、さらには仕上げチームの熱、ご覧頂いた方々の数多の感想に込められた熱、それらすべての熱の賜物だと思います。

ツイッターにも書きましたが、この場でも。

そのすべての熱に、心からの感謝を。

さてさて。

先日、間もなく公開を迎える映画『さがす』の公開直前イベントがありまして。映画の、先行きが見えないスリリングな展開にちなんで、先行きを読むプロフェッショナルである占い師の方をゲストにお迎えしました。

琉球風水志のシウマさん。

当コラムで前回も書きましたが、私、以前ある番組で、有名な占い師である星ひとみさんに精神年齢を占ってもらったことがありまして。

それまで「精神年齢8歳の52歳児」を標榜していた私でございます。

もし「佐藤さんは年相応ですよ。落ち着いた大人の精神年齢です」なんて言われたら営業妨害だなあ、なんて思いながら占ってもらったところ、まさかの6歳という診断。むしろ2歳サバを読んでた（?）という哀しい結末を迎えた苦い過去がございます。

ここはやはり、シウマさんにも占って頂きました、精神年齢。

8歳だと冗談半分で言っていたのが、まさかの6歳だったという苦い思い出。52歳、今年53歳になる漢の、あえてここは「漢」という文字を使わせて頂きます。漢のメンツにかけて、これ以上精神年齢を下がらせるわけにはいかない。

当コラム、まさかの2回続けて精神年齢をテーマにしておりますが、それもそのはずの、とんでもない結果が待ち受けていたのです。

さあ、シウマさんの占った僕の精神年齢は……。

飛躍。

爆上げ。

漢の精神年齢、飛躍的に爆上がり。

15歳。

いや～、ありがとうございます。これも日頃の切磋琢磨の賜物でしょう。まさに見事な飛躍と呼ぶにふさわしいジャンプアップ。ついに私、10歳の壁も、小学生の壁も突き破りました。

シウマさんが言うには、「その時々で微妙に変化します。佐藤さんの精神年齢は、13歳から15歳。中学生ですね。マックスで15歳です」とのこと。

「マックスで15歳」というお言葉に少し引っ掛かりを覚えますが、まあいいでしょう。そんな細かいことは忘れてしまうほどの、めでたい飛躍です。

もう、これからは、しませんよ、人前でオナラ。

15歳ですから。なにせ僕の精神年齢、15歳ですから。ガラスの10代ですから。そんな人前でオナラなんてしてる場合ではありません。あと、アレです、チンチンも触りません。私、怒られてる時（主に妻に）、チンチンを弄ぶ癖があるのですが、15歳ですから。なにせ15歳なんですから。そんなアナタ、チンチン触ってる場合ではないじゃないですか。

大体、チンチンを触る主たる目的は、チンポジを修正するためだと思われますが、15歳ともなれば、チンポジを修正する機会は慎重に選ばなければいけません。なにも妻が怒ってる目の前でチンポジを修正しなくたっていいじゃないですか。

これ以上チンポジに言及しますと担当K氏のカミナリが落ち、チンポジを修正してしまいそうになるのでこの辺でやめておきますが、いや～とにかく、めでたい。新年早々、皆さんにこのような吉報をお届けできるのを嬉しく思います。

シウマさんは最後に「15歳を上回ることは未来永劫ないでしょう」と血も涙もないことを仰っていましたが、越えられない試練は神は与えないと言うじゃありませんか。明けない夜はない。登れない山はない。

次は、高校生の壁を突き破ってみせます。まずは主演を務めた映画『さがす』、間もなく（2022年）1月21日に公開。今年も、漢・佐藤二朗をどうぞよろしく。

2022/01/16

79回の死闘

「すれ違えない男」である。

今までいろんなところで話してきたが、俺は、マジ「すれ違えない男」なのである。「すみに置けない男」ではない。

誰もそんなことは言ってないし、最初の「す」しか合ってないわけだが、そんなことはいいとして、俺は、狭い路地で人と「すれ違えない」のである。

歩いている。向こうから人がやってくる。狭い路地だ。相手とすれ違うために俺は右に寄る。すると相手も右（相手からしたら左）に寄る。これはイカンと俺は左に寄る。すると相手も左（相手からしたら右）に寄る。それが延々28回ほど繰り返される。28回は大袈裟かもしれないが22回は少なくとも繰り返される。

理想はもちろん、スマートに一発ですれ違うことだ。しかし俺の人生史上、一発ですれ違えたことは、ほぼない。どのくらいないかというと、東京ドームを満たすほどの水に醤油を一滴垂らした場合とソースを一滴垂らした場合を肉眼で見分けられる人がいないくらい、ない。

なんの話をしていたか忘れてしまいそうなくらい、たとえ話が常軌を逸してしまったが、とにかく本当に俺は「すれ違えない男」なのだ。

そしてそれを今日、さらに確信した。

俺は歩道橋を歩いていた。

向こうから、俺と同じような、大柄な男性が歩いてくる。

共に大柄な体躯であるため、まだかなり２人の距離がある段階から、２人は「すれ違う」ことを模索し始めた。

右、おっと左、いかん右、ちょマジか左、おいおい右、いい加減にしてくれ左……ちょ分かった、ここは互いに落ち着こう。君は動くな。俺が右に行くから君は動くな。いいか動くなよ……右、だから動くなって言っとろうがっっっ。

みたいなことが、俺の体感で79回ほど続いた。途中で思わず俺はマスクの下で笑ってしまい、相手の大柄な男性もマスクの下で（恐らく）笑って、軽く会釈してすれ違い、79回の死闘は幕を下ろした。

帰宅して妻にこのことを話すと、相手の男性が大柄だったこともあり、「ドッペルゲンガーじゃん」と完全にズレまくったことを言っていたが、よく思い出すと、俺はそのとき黒のジャージにカーキ色のダウンジャケットだったのだが、相手の男性も上下ほぼ同じ色で、つまり歩道橋の上で、大柄なペアルックの男性2人が、右、やばい左、いかんいかん右、と延々79回（注・佐藤二朗の体感）繰り返していたのかと思うと、なんだか可笑しくなり、なんだか哀しくなった。

皆さん。これから僕とすれ違う皆さん。向こうから佐藤二朗がやって来たなと思ったら、どうか、どうか僕とは逆に寄ってください。

恐らく、その逆に僕も寄るでしょう。

2022/02/13

妻の残酷名言集第２弾

第2弾である。

担当K氏の発案で以前書いた「妻の残酷名言（というか迷言）集」。

好評につき第2弾。

うそ。好評かどうかは知らない。ただ、いつも当コラム、書き終わるのに数時間は掛かるのだが、妻の残酷発言を書いた時だけ20分くらいで書き終えてしまい、溢れ出る湯水のように次から次へと残酷発言を思いついたので、第2弾を書くことにする。

では、妻、いわゆるマーッーの残酷迷言の数々をば。


「君の顔、田んぼのあぜ道に似てるね」

いきなりのハイブロー。田んぼのあぜ道に似た顔とは一体……。ただ、これを言ったマーッーは深く静かに真顔だった。恐らくそのとき僕、無精ヒゲを生やしていたのでしょうな。そのヒゲが、なんというか、稲と考えれば、田んぼのあぜ道というのも納得できないこともないわけないだろ馬鹿野郎。

「うわビックリしたっ……君の目、細いね」

ある朝、僕の顔を見て突然放った発言。マーツー、本当にビックリしていた。25年以上一緒にいて、なぜこの朝いきなり気づいたかは謎。なぜ25年以上それに気づかなかったのかはさらに謎。

「この、でくの坊！」

王道。罵倒語の王道。これ実は、以前ドラマ『女信長』（フジテレビ系）で主演の天海祐希さんが将軍役の僕に言った台詞。天海さんのカッコいい痛快な言い回しもあってか、マーツーはいたくこの台詞を気に入り、しばらくは事あるごとに僕に笑顔で言っていた。マーツー、本当に笑顔だった。

「はい」

僕が仕事から帰るとき、「今から帰るよ。お母さん、大好き大好き、宇宙で一番大好き」とハートマークの絵文字を5つくらい使って送ったメールの、マーツーからの返信がコレ。本当にコレだけ。もちろん絵文字などない。まあ、シラフでハートマークの絵文字を何個も駆使する中年男も大概ではあるが。それにしても頭の中お花畑の困った夫のいなし方が半端ない。一刀両断。2文字という最小カロリーで一刀両断。マーツー、ほぼ武士。

「忍者」

マーツーに「子供の頃、何になりたかった？」と聞いたらこの回答。

「おかあさんからのでんごんです。おかあさんはおこっています」

7～8年前、飲み過ぎた翌日、昼まで寝てたら息子が僕の部屋に入ってきて言い残した言葉。「息子の前では極力、夫婦喧嘩を見せない」との禁を破ってまでの伝言に今でも震え上がる。敬語に余計震え上がる。

「みかげいし」「ズロース」「すっとこどっこい」

これも7～8年前。息子を寝かしつけるため、息子としり取りをしていたマーツー。なかなか寝ない息子に業を煮やしたマーツーが次々と繰り出した言葉たち。どれも、とても幼児に繰り出す言葉とは思えない。その容赦のない語彙による攻勢に震え上がる。

「てへろ～ん、ぺろ～ん、お母さん、おかしくなっちゃった、ふふ、へへへ」

これも寝かしつけでの発言。なかなか寝ない息子をなんとか寝かせようと、マーツーが突如繰り出した斬新な演技プラン。そのあまりに前衛的なプランに震え上がる。俺、わりと常時震え上がってる。そして息子はこのとき泣き出した。余計寝られなくなった。

「君の顔、便座に似てるね」

再び顔シリーズ。第1弾では「便器に似てるね」をご紹介したが、今回は「便器」ではなく「便座」。なぜにこの2つを分けて俺に言い放ったのかは謎だし考えたくもない。

「髪の生え方さえ癒やされる」

ずいぶん前。スヤスヤ眠る息子のツムジを見ながらマーツーがふと言った言葉。これに関してはホント、俺も300パーセント同意。なんなら今も。たぶん、今後も。

最後ムリヤリいい感じにまとめようとした感が半端ないが、今後もマーツーとラブラブであると主張していく所存だぜ。

2022/02/27

片山慎三は、猿ではなかった

ここのところ、友人や知人から頻繁に感想のメールが届く。なかには、長らく連絡を取り合ってなかった人からも。

なんとしても僕に伝えたいという気持ちがひしひしと感じられる、熱量が溢れる、その感想の数々。

素直に、そしてとびきりに、嬉しい。

僕が主演を務めた映画『さがす』。

感謝の一語に尽きるが、ロングランヒットを続けている。

こういう映画を見捨てなかった観客の皆さまに、心からの深い敬意と感謝を。

で、今日はこの映画に関して、というか、監督の片山慎三氏について書こうと思う。

ここ最近の私のコラム、精神年齢が8歳から6歳になってしまったとか、俺のドッペルゲンガーが現れたとか、睡魔に襲われながら人は文章を書けるのかとか、精神年齢が6歳から15歳に爆上がりしたとか、とても52歳が書いた文章とは思えないようなどうでもいいことを書いていたので、いや、とても52歳が書いた文章とは思えないようなどうでもいいことはこれからも書いていくつもりだし、それが「AERA dot.」における唯一の俺の役割だと勝手に自任してるわけだが、ちょっとこのタイミングでこの映画の、片山監督のことを書いておきたいと思い。自分のために、そして引き続き、観客の皆さまにこの映画を育んで頂きたいと思い。

既にいろんなところで喋っているが、片山慎三とは実は20年前に一度出会っている。

ＢＳ－ＴＢＳ（当時はＢＳ－ｉ）のドラマで、池内博之くんが主演した『アイノウタ』というドラマがあった。

僕は出演者として、片山は制作見習いとして、その作品で出会った。

当時片山はハタチそこそこの、右も左も分からぬ使い走りのような存在で、人というよりはほぼ猿と言っても差し支えないような若者だった。

ただ、俺に興味があるのか、よく俺に話し掛けてきて、その会話の返しなどが面白く、「君、オモロイな」と偉そうに片山に言っていた記憶がある。

しかし、その後はさして付き合いもなく、20年の月日が流れたある日、その片山からいきなり手紙が届く。

「僕の商業監督デビューとなる作品で、二朗さんに主演をやって欲しい」

突然過ぎて、なんのことやら分からない。ん？　片山って、あの、20年前に制作見習いで右も左も分からず現場にいた、あの、人というよりはほぼ猿と言っても差し支えない、あの片山か？

手紙の他に、彼が自主制作で監督した『岬の兄妹』（2019年）という映画のDVDと、平仮名3文字の『さがす』という妙なタイトルの初稿台本が同封されていた。

とりあえず、妙なタイトルの台本を読んでみた。

面白かった。圧倒的に面白かった。

そして、しんどかった。

「二朗さんにアテ書きしました」と片山の手紙に書いてあった僕の役は、筆舌に尽くしがたいほどの過酷な状況の渦中にいた。

引き受けるにはメンタル的に相当の覚悟がいると思ったが、それを粉砕するほど、「やりたい」という気持ちが強く湧き出た。

「よくぞ俺のところに話を持ってきた」と思った。

そうして瞬く間に撮影がインしたが、撮影中も、「バケモンみたいな作品になる」という思いはますます強くなった。

片山監督からの提案が、いちいち面白い。大事なのは、面白いと「僕も」感じられたことだと思う。

俳優が「なにが良いのか分からないけど監督の指示だからとりあえず従おう」というのと、「その提案面白い！　従いたい！てか、従わせて！　俺の持ってるものでその提案を料理させて！」というのでは、全然違うと思う。

もちろん、監督や作品や役やシーンによって「俳優はなにが良いのか分からないままやった方がむしろいい」という場合もあるし、「俳優の自我で料理なんかしない方がいい」という場合もあろうが、それはまた別の機会に。

とにかく、片山監督の珠玉の提案により、どんどん高みに昇るような感覚が、撮影中、確かにあった。

そして映画は完成し、皆さまに観て頂けるようになった。

そのあと、映画のパンフレットに掲載された片山監督のインタビューに、こんな文があるのを僕は知る。

「あの表情は僕が指示したのではなく、二朗さんが提案したものです。人間ではなくなる瞬間というか、人間的なつながりを捨てて、自分の利益のために行動する顔ですよね。あの表情が撮れただけで、この映画は勝ちだと思いました」

お互いだったのだな、と思う。互いに刺激やプレゼンを受け渡ししながら、1つの作品をつくりあげられたんだな、と思う。

そして、今回は片山監督について書いているので多くを割けなかったが、どうしても触れておきたい。伊東蒼、清水尋也、森田望智といった若手俳優陣が、皆、腰がぬけるほど素晴らしいんだよマジで。

そして片山は、猿ではなかった（↑当たり前）。

20年前、ヘラヘラして、その辺をウロチョロしてた若造から、こんなに沢山の刺激を頂戴できるとは思わなかった。

今後、片山慎三という監督から目を離せないし、離さない方がいい。

そして出来ることなら片山よ。

世界へいけ。

映画『さがす』、引き続き、よろしくお願いします。

2022/03/27

ついに「あの部屋」に

「偉業を今も続ける日本随一の長寿番組の収録にお邪魔した」

そのようにツイッターに書きましたところ、ほとんどの方々が「あの部屋ですね」的なコメントで、改めて「あの部屋」の偉大さを痛感しております。

中には『笑点』（日本テレビ系列）や『新婚さんいらっしゃい』（朝日放送テレビ・テレビ朝日系列）を思い浮かべた方々もいらっしゃったようですが、どちらも日本が誇るべき素晴らしい長寿番組だし、どちらも僕が子供の頃から大好きな番組ではありますが、我が夫婦は結婚19年目でさすがに新婚とは言いがたく、またあの番組に出る新婚さんのような微笑ましくオモロな夫婦ではありませんし、山田くんに持ってかれる座布団にも座っていませんので、どちらもわたくしの出演はございません。

情報も解禁になりましたゆえ。

はい。今度『徹子の部屋』（テレビ朝日系列）に出演いたします。

お袋。俺、『徹子の部屋』に出るよ。

「あんた、だぁれも知らん大東京に独りで出てって、まぁ、よく頑張ってきたなぁ」と数年前に電話で言ってくれたお袋よ。俺、『徹子の部屋』に出るんだよ。いたよ。徹子。黒柳徹子さん、ホントに実在したよ。

徹子さん、ネッシーのように言ってすみません。

でもホント、それくらいの存在なんです。「憧れ」とか「雲の上」といった表現では生ぬるい。なんというか、徳川家康や聖徳太子がホントに実在したんだと思うレベル。「偉人」レベル。「巨星」レベル。それはもう一方的に「拝見する」対象で、少なくとも「会う」や「話す」ことなど、一生ないと思っておりました。

収録日。緊張で何も話せないのではないか。それもいいか。黒柳徹子さんという偉人を前に何も話せなくたっていいじゃないか。とにかく、徹子さんと同じ空気を吸い、一方的に拝見する存在だったこの方と、間近で一言二言、会話ができればそれで充分じゃないか。一言二言の会話で番組が成立するかは分からないが、てか恐らく成立しないが、もはや番組が成立しなくたっていいじゃないか（↑いくない）。そんなことを思いめぐらせながら、いざセットへ。

いた。いました徹子さん。ビックリした。いやビックリするのもおかしいが。そりゃいるが。『徹子の部屋』だし。徹子の部屋に菊子さんがいたらビックリだが。誰だ菊子さん。ごめんなさい、興奮で何を書いてるのか自分でもよく分かりません。

そりゃ興奮もするわな。緊張しつつご挨拶した僕に、徹子さんが満面の笑みで仰った第一声。

「あなた、毎日のようにテレビで見るから、初めて会うのに初めてな気がしませんね」

ひ、ひ、ひえぇぇぇええ。もちろん毎日のはずもなく、リップサービスで仰ったのだと思うが、そして通常この場合、俺はいつも、「あなたの家に忍び込んでテレビに細工し、どのチャンネルをつけても僕が映るようにしたのです」と微妙な冗談を言うようにしているのだが、そんな軽口を叩く余裕などあるはずもなく、そして徹子さんに「え!? あなた、私の家に忍び込んだの!? いつ!? いつの話!?」と詰め寄られる気がしたのでその言葉は呑み込み、かろうじて返したのがこの一言。

「こ、こ、こちらこそです」

ぎゃあああ。大先輩にもっと気の利いた返しができなかったものか。しかし一言は話せたので、ノルマまであと一言（↑違）。

そんな感じで始まった収録。内容は放送をご覧頂くとして、偉大な番組で偉大な人と幸運にも接することができた大勢のうちの1人として書き留めておきたいことを。

妻と義母が徹子さんのファンだとお伝えしたところ、本当に嬉しそうに「ありがとう。嬉しい」と仰ったこと。

本当に噂通り、徹子さんの手元にはビッシリ書き込まれたメモがあったこと。

緊張だけで終わると思いきや、気づいたら徹子さんとお話できるのが楽しくて楽しくてしょうがなく、なんならこの人とずっと喋っていたいと思ったこと。

それは、ご自身の話が、とてつもなく面白い上に、彼女が類い稀なる聞き上手で聞き手のプロで、さらにはこちらの良さや、喋りたいことをさりげなく引き出す会話の達人だからだと痛感したこと。

「親御さんにはどのくらいの頻度で連絡してるの？」と聞かれ、「大体、3カ月に1回くらいです」と答えたら、その時だけ少し真顔になり、「ダメ。もっと連絡しなきゃ。あなたは毎日いろんなことが起きるかもしれないけど、親御さんはそうじゃないかもしれない。

もっと連絡してあげなさい」と言われ、思わず背筋を伸ばし「はいっっ!!」とお答えしたこと。

収録後、満面の笑みで「楽しかった」と言って頂けたこと。

それが社交辞令だとしても本当に心から嬉しかったこと。

収録が終わり、スタジオを出て、すぐに僕は電話を掛けた。

電話の向こうで、84歳になる母親は、僕が『徹子の部屋』に出ることを、本当に喜んでくれた。

いやはや。

やはり巨星として輝くには、それにふさわしい理由がある。『徹子の部屋』、（２０２２年）4月22日放送です。

2022/04/10

仏ですよね？

「あの、佐藤二朗さんですよね？」

「はい」

「応援してます」

「ありがとう」

大変にありがたいことですが、町で声を掛けられることがあります。冒頭でご紹介したのは、とてもスムーズに会話が運んだ例ですが、いつもこのように滑らかに会話が運ぶわけではありません。今日は僕が実際に経験した中から、印象に残っている町でのお声掛けをご紹介。

「仏ですよね」

これね、一時期は本当に多かったです。そしてありがたいことです。ありがたいことではあるんですが、わりと困ります。だって京王線のホームで大きな声で「仏ですよね！」と言われますとですね、周囲の皆さん、ギョッとするわけです。なんで仏が京王線のホームに⁉となるわけです。それ以前に、実在⁉　仏、実在⁉となるわけです。そして「はい、私は、仏です」と答えると、そこはかとなく、バチが当たりそうな気もするわけです。あと、コンビニで雑誌を買おうとレジの列に並んでる時に「仏ですよね」と言われましてもですね、「いや、お嬢さん、仏はレジに並んでアサヒ芸能を買わないと思うよ」と言いたくなるわけです。ジャージだったし。ジャージでアサヒ芸能を買うおじさんに「仏ですよね」と言われましても。あと、言っておきますね。出ません。いくら「出してください」と言われても、僕から仏ビームは出ませんから。普通の人間はビーム、出ません。普通じゃない人間からもビーム、出ません。

「よく見てるよ、クイズ番組。『１００人の男』」

見てない。おそらくよくは見てない。見事にちょっとずつ違うし、なんなら全部違うし、そんな暑苦しい番組の司会は多分断る。

「佐藤二朗さんですよね？」「はい」「……」

いやないんかい。話すことないんかい。ただ確認されただけの私の立場は。しかし、まあ、話し掛けたはいいが何を喋っていいか分からない気持ちはなんとなく察しますが。ただ、察するのがちょっと怖くなるお声掛けもありました。

「あの、写真、いいですか？」「ネットに上げなければいいですよ」「……じゃあ、いいです（と去る）」

え？　満々？　ネットに上げる気満々だったの？　ただ、「そんな勝手にネットに上げるなんて失礼なことするわけないのに！」と怒らせてしまったのかも、とも思いました。だとしたら悪いことをしました。ごめんなさい。

「あの、なんて名前ですか？」

あなたが先に名乗りたまえ。あるいは分かってから声を掛けたまえ。いや、もちろん、このお声掛けだって僕の商売からしたらありがたいことではあるのですが。

「桜金造（さくらきんぞう）さんですよね」

違います。

「佐藤二朗さんですよね。応援してます」

ありがとう。ただね、女子大生さん。自販機でジュースを買おうと５００円玉を入れたら釣り銭がすべて10円玉で出てきて屈んで必死に数えている情けない体勢の時に話し掛けないで。でもありがとう。

「佐藤二朗さんですよね。応援してます」

ありがとう。着物を上品に着こなした京都美人さん。僕も佐藤二朗史上最もダンディーに「ありがとう」と答えました。すべてがパーフェクト。僕のズボンのチャックが全開だったことを除けば。

「佐藤二朗さんですよね。ガラケー持ってるから間違いないと思いました！」

うん。まあ、うん。

「やっぱり顔大きい！」

心で言え、心で。

とまあ、ほんの一部ではありますが、印象に残っているお声掛けをご紹介しましたが、何度も言うように、本当にありがたいことですし、プライベートだろうからあえて声を掛けないでいてくださる心遣いを感じることもあります。また、家族と一緒にいるからと目線だけで黙礼してくださる方もいらっしゃいました。こうした心遣いを感じる度に「もっと頑張ろう」という気持ちになったりします。

皆さまの声援にお応えするべく、ますます精進いたします。

仏ビームは出ませんが。

2022/04/24

あなたの耳打ち

1つ、ご報告。

ドラマ『ひきこもり先生』（NHK総合）が、第38回ATP賞の奨励賞を受賞しました。

ツイッターでも触れましたが、この場でも。

この作品を創り上げるために関わったすべての人、そして観てくださったすべての方々に、心からのお礼を。

さて。

めでたき報告と同じ記事内で書くことに迷いがあったのですが、今日はどうしても書き記しておきたいことを。

僕は20代終盤の頃、自転車キンクリートという団体にいました。

演劇好き、特に80年代90年代に小劇場を観劇していた方々はよくご存知の団体だと思います。

この団体で僕は、舞台演出家の鈴木裕美（すずきゆみ）さんの下、多くを学ぶことができました。

「多くを学んだ」というのは、もちろん主には演技に関してですが、それだけではなかった気がしています。

当時、僕は、本当に、本当にアンポンタンでした。

若い方々には耳慣れない言葉ですかね、アンポンタン。要するにかなりのおバカさんだったのですよ、僕。まあ、今の僕もそれなりのアンポンタンではありますが。

ですから当時、裕美さんや、他の先輩俳優さんから、よーく怒られました。

年々、人から怒られるのがしんどい歳になってきてますが、僕はこの、周りはみんな先輩で、毎日のように怒られていた時期があって、本当に良かったと思っています。

先輩たちは、もちろんそれぞれキャラクターの違う方々でしたが、みんなそれぞれに、なんというか、「いいなあ、こんな大人になれたらいいなあ」と思わせてくれる人たちでした。

そんな中、いつも裕美さんの近くにいるスタッフがいました。

俳優もスタッフも、みんな僕より歳上という状況の中、彼女だけ、僕より少し年下でした。

もちろん演劇で、というかどの世界でも、歳にこだわり過ぎるのはあまり意味がないことだとは思うのですが、当時毎日のように先輩たちから怒られていた僕にとって、ただ1

人、僕より若いのに、どの先輩からも一目置かれ、信頼され、おまけに裕美さんの考えを誰よりも深く理解しているような、その演出助手の彼女を、心底羨ましく思いました。

皆で飲みに行っても、オドオドと先輩たちの酒をつくることに終始していた僕に比べ、彼女はいつも話の中枢にいて、先輩たちとも対等に、楽しそうに語らい、お酒を飲んでいました。

やがて僕は自転車キンクリートを離れ、その演出助手の彼女と会うこともほとんどなくなりました。

裕美さんだけでなく、ケラリーノ・サンドロヴィッチさんや長塚圭史さんといった、日本を代表する演劇人たちから厚い信頼を得ていた演出助手の山田美紀さん。

先月17日、自身の誕生日の3日前に還らぬ人になりました。

覚えてることがあります。

飲み会でも裕美さんに怒られ、先輩たちが席を立ったあとも1人塞ぎ込み、落ち込んでいた僕に、美紀ちゃんがこっそり耳打ちをしてきました。

「でも裕美さん、俳優として、ムチャクチャ二朗さんを買ってると思うよ」

美紀ちゃんが亡くなったあと、裕美さんのツイッターにこんな文があります。

「人の気持ちに寄り添う能力がとても優れた人だった。自分のことは後回しの人だった」

あの耳打ちは、僕の気持ちにも、裕美さんの気持ちにも、寄り添ったものだったと思うのです。

多くの演出家を、演劇人を、作品を支え続けた美紀ちゃんの業績に心からの敬意を。

あなたに心を支えられ、救われた多くの演劇人のうちの僕も１人です。

美紀ちゃん、ありがとう。お疲れ様。

また呑もう。

2022/06/05

ヤジュさん

人の呼び方は難しい。

たとえば、ＮＨＫ大河ドラマ『鎌倉殿の13人』で共演した坂東彌十郎（ばんどうやじゅうろう）さんのことを、僕はしばらく「坂東さん」と呼んでいた。

年齢的にも先輩だし、歌舞伎というジャンルの違いはあれど、キャリアだって大先輩なわけだから、名字に「さん」づけ。これ、一番無難だし、落ち着く。

でも、ある日、坂東彌十郎さんから笑顔でこう言われた。

「ヤジュでいいですよ」

や、や、ヤジュ！　名字に「さん」づけから、一気に「ヤジュ」！

なんというか、軽い肩慣らし程度のキャッチボールから、いきなり１６０キロの豪速球を投げ込むようなものだ。

ものだじゃないし、なんで野球に例えたかよく分からんし、あまり上手く例えられてもいないし、そもそも俺、バンテリンドームで始球式やったとき球速65キロで、同じく始球式で１４０キロ以上出したティモンディの高岸（宏行）さんに「むしろそっちの方が凄いです」と言われたし、要するにだ。名字に「さん」づけという、安全地帯のぬるま湯に浸かっていた俺には、なかなかにハードルが高い呼び方ではないか。

以上のような心境が、数秒の俺の「……」の間に、俺の顔に出ていたのであろう。坂東彌十郎さんは朗らかな笑顔のまま、続けてこう仰った。

「ヤジュでも、ヤジュさんでも、いいですよ」

おぉ！　渡りに船。ヤジュに「さん」がついた。名字に「さん」づけから、ヤジュに

「さん」づけ。これなら120キロの投球練習から、150キロの全力投球くらいの差だ。だからなんで野球に例える？　そして俺は65キロという史上稀に見る低速投球を晴れの舞台で披露し、同じく始球式で140キロ以上出した高岸さんに「140キロを出すより65キロを出す方が難しいです」と言われたんだよさっき同じこと書いたよ馬鹿野郎。

落ち着こう。問題はだ。そしてこの問題が一番ハードルが高いのだが、「ヤジュさん」で話はまとまったのだが、最初に！　最初に「ヤジュさん」と呼ぶタイミング、これが相当に難しい。

すぐさま「ヤジュさん」と呼ぶのもかなり勇気がいるし、ご本人から「おぉ、いきなりか!?」と思われるかもしれない。

かといって、たとえば数日後に満を持して「や、や、ヤジュさん」と呼んだら、「ふふ。来たか。ココで持ってくるか。ココで例のものを持ってきたか」と思われそうな気がする。

で、どうしたか。

ちょうどその日、坂東彌十郎さん演じる北条時政と、僕が演じる比企能員が、酒の席で隣り合うシーンの撮影だった。

ここを逃しては一生「ヤジュさん」と呼べないかもしれない。そう思った僕はこう切り出した。

「いや〜、坂東さん、これからはヤジュさんとお呼びしようと思うんですがね、これ難しいのはですね、最初にヤジュさんとお呼びするタイミングなんですよね、なんというか、緊張しちゃうんですよね、あと、照れといいますかね、ありますでしょ、そういった感じ。ねぇ、ヤジュさん」

来た。最初のヤジュさん、来た。まぶした。まぶして挿入した。挿入してまぶし込んだ。なんでもいいが、とにかく呼んだ。最初のヤジュさんを最後に呼んだ。随分と長いこと喋った果てに最後にさりげなく強引に呼んだ。さりげないのか強引なのかどっちなんだという感じでとにかく呼んだんだよ馬鹿野郎。

本日2回目の馬鹿野郎が飛び出したわけだが、そしてお前は撮影直前に一体なにをやってんだという気もするが、さりげなく強引に呼ばれたヤジュさんは、普段通り、朗らかに微笑み、そのあと二人で晩酌の肴の話をしたのでした。

で、不思議なもので、ヤジュさんと呼ぶようになったら、一気に対人ストロークといいますか、心の距離が縮まり、すっかり仲良しに。

人の呼び方は難しいけれど、人との繋がりを愉しむための1つのツールと思えば、なかなか趣があるものかも、なんてことを思ったりしたのでした。

あとはアレだ。

撮影はちゃんとやってますぜ（↑当たり前）。
ヤジュさん演じる時政と、僕演じる能員の権力闘争、激化。『鎌倉殿の13人』、引き続きよしなに。

2022/07/17

●

心のお漏らし

「心のお漏らし」と表現したのは誰であったか。
歳を取ってくると増える独り言。
心の中で思ってることが半ば無意識に声に出てしまう。
私、齢（よわい）53。
漏らしてます。
ほとんど毎日、漏らしてます。

なんなら常時漏らしてます。

車を運転してる時なんぞ、車内には僕1人ということもあり、息をするように漏らしてます。

心の中だけで留めればいいものを、全部声に出しちゃう。

全部吐き出しちゃう。

心はオムツをはけませんから、

あ、ごめんなさい突然話が変わりますが、いま大阪に向かう新幹線の中なのですが、大雨の影響で到着時刻が遅れるという車内アナウンスを喋ってる車掌さんが、

噛み噛み。

むっちゃ噛んでる。

ちょっと悔しいくらい面白い噛み方をしているので、今後の芝居の参考に聞き耳を立てています。

………。

………。

ごめんなさい何の話でしたっけ。

お漏らしだ。お漏らしにはオムツが必要って話だ。

……。

ちがうちがう、心のお漏らしだ。独り言の話だ。

ま、でも噛み噛みの車掌さんが面白いから、そっちの話を書くか。

……。

……。

……。

ごめんなさい寝てました。

昨日、自宅晩酌でついつい呑み過ぎて、夜更かししちゃったんですね。

で、今朝は早かったので、ねびそく。

ねびそくってなんだ、寝不足ね。

僕のガラケー、予測変換で「ね微速」って出ました。

なんかいいですね、「ね微速」。うん。なんかいい。なんだろう。峰不二子（みねふじこ）が「ルパ～ン、そんなに急いじゃダメ。急がなくたって、アタシは逃げやしないわ。ね、ルパン、だから、微速でいいの。ね、ルパン。微速。ね、微速」

……。

ごめんなさい寝てました。

ちょちょ、車掌さん、「ごまいわくをお掛けそます」って。悔しいよ、車掌さん。俺ァ悔しいよ。「ご迷惑をお掛けします」という短い文言をそこまで面白く噛めるなんて。

大雨の情報を整理しつつ、すごく誠実に丹念に対応しようとしてらっしゃる感じが伝わるなぁ。すごく真面目な方なんだと思う。頑張れ車掌さん。

「いいのよ、車掌さん。気にしないで。焦らないで。アタシは逃げやしないわ。だからね、車掌さん、微速で。ね、微速」

ちょ、不二子、出てくるな。ルパンだけでなく、車掌さんにまで微速をねだるとは。出来たら俺にも微速をねだってくれないか。

いや〜もう完全になんの話を書いてたか忘れちゃったなあ。

………。

ごめんなさい寝てました。

今のは予測つきましたかね。

要するにですね。

私、齢53。

声だけでなく、

書いても、「心のお漏らし」なのです。

さようなら。

2022/07/31

一人では行けない場所

もちろんね。

周りは関係なく、自分でドリブルで持っていき、強引にでもゴールを決めなければいけないことはあると思っています。

ごめんなさい芝居の話です。

20代の頃、僕は大変に、もがいておりました。

ココにこんな芝居をする俳優がいるぞ。

こんなゴールを決められる俳優がいるぞ。

そのことに気づかれなければ、たくさんの才能あるクリエイターや、たくさんの素晴らしい演技をする俳優と出会えない。

何より、たくさんの芝居をする機会が与えられない。

そんな焦りに満ちた20代だった気がします。

右に書いた、自分でゴールを決めるスキルは、いろんなご意見があるとは思いますが、僕は俳優にとって、「時には」必要なスキルだと思います。

しかし、焦りに満ちた20代の頃に出会った舞台演出家の鈴木裕美さんに、そのスキルを恐らく充分に認めて頂いた上で、こう言われました。

「しかしお前、それだけだとダメになるぞ」

当時、裕美さんホント怖かったので（飲み会では気さくなお姉さんでしたが、稽古場ではマジ怖かったんす）、そう言われた僕は意味も分からず、ただ、「はい」と頷いておりました。

でも、コレ、どの世界でも言えることかもしれませんが、注意や指摘を受けたことって、いくら生返事をしても、自分自身が腑に落ちなければ、真の意味では身にならないのかもしれません。

逆に自分が腑に落ちた時には、自分の中の深い部分まで浸透するような気がします。

なんとか芝居で飯が食えるようになった、30代後半だったか40代前半だったか。

本当にストンと腑に落ちたんです。

共演者、演出家、スタッフ、ロケーション……そういった周りの人と、周りの空気と作っていくことが、単純に「愉しい」と思えるようになりました。

周りに渡したり、周りから貰ったりするのが、「愉しい」し、変な話「ラク」だし、作品やシーンや役柄にもよりますが、往々にして、その方が「自分」のためにも「作品」のためにもなると、心底思えたんです。

わわ、裕美さん言ってたのコレだったか。10年くらい前に裕美さんに言われたことを思い出し、そう思いました。

当たり前と言えば当たり前のことなのですが、僕はコレに気づくのに10年掛かりました。

もちろん、自分でゴールを決めなければいけないこともあります。

そのスキルを軽視し、「協調」をいたずらに推奨するわけではありません。

しかし、自分1人では到底辿り着けない場所に、周りに力を貰い、周りに力を渡し、周りと一緒に昇っていく。

パスを渡し、パスを貰い、シーンを、作品を、幾重にも何層にも深く、厚いものに拵えていく。

この「愉しさ」たるや。

この記事が配信される8月14日。

今夜放送の『鎌倉殿の13人』は、そんな「愉しさ」を存分に味わって撮影しました。

ハートと技術を兼ね備えた「周り」が、これでもかと僕にパスを放り、「周り」が僕を引っ張り上げてくれたシーン。

20代の頃、心の底から出会いたいと思った、才能溢れる俳優やクリエイターやスタッフたちと一緒につくったシーン。

ご覧頂く方々の、胸のゴールポストを揺らすと信じ。

是非。

2022/8/14

赤ちゃんと変顔とママさん

先日ですね。

コンビニでレジの列に並んでたんです。

僕の前にベビーカー。

その中にいた赤ちゃんが、そらまあ、可愛くて。

思わず変顔をして、あやしたくなりまして。

お見舞いしました。渾身の変顔。

嬉しいことに、その赤ちゃん、ケタケタと笑ってくれまして。

僕はマスクをしたままですので、顔半分の変顔です。

しかし顔の面積には自信がありますので、半分でも常人の常顔くらいの面積はありますからね。

常顔ってなんだという気もしますが、とにかく僕の顔半分で繰り出した変顔で赤ちゃん、笑ってくれたんです。

そのことで嬉しいのは、もしかしたら赤ちゃん以上に僕の方で、もしかしたらあやされてるのは僕の方かもなんてことを考えたりしながら、調子に乗った僕はさらに顔半分変顔を繰り出したんです。

さらに笑ってくれる赤ちゃん。

その時です。

勘定を済ませた、その赤ちゃんのママが、ギョッとしたようにこちらを振り返ったんです。

本来なら「可愛いですね。おいくつですか？」くらいのお声掛けをするんですが、ちょっとあまりに顔半分変顔が常軌を逸した変顔になってまして、よくまあ顔半分でそんなに常軌を逸することができるもんだと思いますが、とにかくお声掛けのタイミングを逃してしまい、おまけにその変顔を見られた恥ずかしさで僕は顔を伏せてしまったのです。

しかし、気配を感じます。

視線を、深く冷たい視線を感じるのです。

そのママさん、何度も何度も、こちらを訝しげに見ています。

「し、しまった。完全に変なおじさんとして認識されている。誤解です！　いや、変なおじさんではありますから誤解ではないです！　誤解ではないんですが、おそらくあなたがお思いのような変なおじさんではないんです。なんといいましょうか、変なおじさんの中にもいろいろとございましょう。僕は変なおじさんの中でも、どちらかといいますと、ごめんなさい何も思いつきませんが、とにかく違うんです！」

以上のような字数稼ぎとも取れる、というか完全に字数稼ぎの言い訳を頭の中で数秒で思い巡らせていると、

「……あの、」

恐怖に震えたようなママさんの声。

怒られる。

瞬時にそう思いました。

なにせ、ほぼ毎日のように妻に怒られている僕です。

怒られることに関しては僕はエキスパートスペシャリストです。

なぜにエキスパートとスペシャリストをくっつけたのか分かりませんし、１つで充分な気もしますが、てか何をそんなに怒られることを自慢げに書いてるのか自分でも分かりませんが、とにかく「あの……」という、どこか、ほの暗さ漂う、そのママさんの声に僕は戦慄しました。

「あの……佐藤さん、いつも、見てます」

安堵。アンド。&。

近年、こんなに安堵の気持ちに包まれたことはなかった気がします。

「……あ、ありがとうございます。あの、いや、あんまり可愛かったので、ちょっと、つい変顔して……」

「わあ、嬉しい」

修羅場の炎に包まれかけたコンビニは、幸運にも温かい空気に満ち溢れたという、なんでもない日常のなんでもない1コマでございました。

ただ、そのとき僕、ほぼ寝巻きのようなジャージにボッサボサの頭。

変なおじさんはキーポン。

2022/09/11

●

父の威厳が遠出して

行って参りました。

年始にUSJ。家族3人で。

3人全員、USJ、初体験。

ツイッターにも書きましたが、最高に疲れて、最高に楽しくて、本当に大満足なひとときでした。

ところで僕は、いわゆる「絶叫系」の乗り物が苦手でして。

いや、苦手というのでは生ぬるい。

無理。

無理なのです。不可能なのです。僕に絶叫系は不可能なのです。

かつて僕がＭＣを務める『99人の壁』というクイズバトル番組のディズニー特集で、ディズニーランドにロケに行った際、スタッフに口酸っぱく「無理だから、俺は。絶叫系は俺には無理だから」と言ったにも関わらず、どうやらスタッフたちはそれをフリと思ったらしく、ちゃっかり僕を絶叫系に乗せるコーナーを用意していて、

あのですね。「絶叫系」というからには、乗った人は絶叫すると思うのですが、僕は絶叫すらできないのです。僕から言わせれば、絶叫するのはまだ余裕があるからです。余裕ぶっこいてるからです。僕にはぶっこける余裕がないのです。

結果、ひたすら目をつぶり、ひたすら歯を食いしばった、ほとんど座ぶとんのような顔を全国に晒してしまったわけですが、

幸運なことに、家族３人とも、絶叫系、苦手。

なので、あまり詳しくないのでよく分かりませんが、なんか、何回も宙返りするような派手なジェットコースターは家族全員パス。

そういえば以前、家族３人で富士急ハイランドに行ったことがありまして。

えっと、当コラムを何度かお読み頂いている読者諸兄はすでにご存知のことと思いますが、僕、毎回ほとんどノープランでこのコラムを書いてまして、思いつくまま、どんどん話が逸れていってしまうのですが、確かＵＳＪで始まったはずなのにいきなり富士急ハイランドに移動しておりますが、いずれＵＳＪには戻ってくる（と思う）のでご勘弁を。

でね、その富士急ハイランドの時も、３人は絶叫系の乗り物をパスし、それでも勇気を振り絞り、お化け屋敷に入ったのです。

その名も「戦慄迷宮」。

もう名前がイヤ。やめて。怖い。絶対怖い。戦慄も迷宮も怖い。絶対に怖い。

ですが、入り口では若い方々を中心に長蛇の列。

その、列に並ぶところに、おそらくスピーカーみたいなものがついていて、不穏な効果音や、いま実際に戦慄迷宮を歩いている（と思われる）お客さんの叫び声が聞こえ（ライブの声か、過去の声か、お客さんではなく創作の声か、その辺りは不明）、とにかく入場する前から容赦なく恐怖を煽ってきます。

しかし、ここは父の威厳というものがあります。「やめとこう、やっぱり」という本音を必死に呑み込み、ウソ。言った。呑み込めずに言った。妻に。数回言った。懇願した。

列に並びながら数回、ウソ。それもウソ。78回くらい言った。妻に。「やめとこう、頼むからやめとこう」って78回くらい懇願した。

しかし、妻と息子は怖がりつつも、わりと入る気満々。帰る気満々の僕は、泣く泣く巻き添え。

なんでしょうね。瞬間です。入った瞬間、後悔。地を這うような後悔。怖い。怖すぎる。泣くほど怖い。正確には泣いてた。メンタル的には完全に泣いてた。号泣してた。

３人１組の我々に渡されたのは、弱い光の懐中電灯、１個のみ。

最初、僕がその懐中電灯を持ち、先頭を歩いてましたが、４秒ほどで断念。先頭を歩く恐怖に耐えきれず、妻と交代。妻、僕、息子の順で進むことに。

進む間、お前は黙ると死ぬ病気かってなくらい、僕、ずっと喋ってた。喋ってないと正気を保てないくらい怖かったから。でも、色々な言葉は喋ってない。同じ言葉を延々繰り返し喋ってた。というか、叫んでた。ほぼ泣きながら同じ言葉を繰り返し叫んでた。

「お母さん！　早い！　お母さん！　早い！　早いってば！　お母さん！　早い！　早いよ！お母さん！　早い！　早いってば！」

あの〜、父の威厳、どこに行ったんでしょう。どっか遠出しちゃいましたかね、父の威厳。長期のバカンスにでも出掛けちゃったんでしょうか、父の威厳。

結果、途中何カ所か、どうしても恐怖に耐えきれない人のためにギブアップの出口があるのですが、気づいたらその出口をくぐってました。ギブアップしてました。その時の外の空気は一生、忘れないでしょう。生き伸びてよかった。そう思うほど、中は怖かった。やだ。戦慄、やだ。迷宮もやだ。怖いよ。怖すぎるよ。

完走できず、妻と息子には申し訳ないことをしましたが、絶叫系乗り物だけでなく、お化け屋敷も僕には不可能と悟った瞬間でした。

しかし富士急ハイランドにも、もちろんUSJにも（ただいまUSJ）、絶叫系やお化け屋敷以外の楽しいアトラクションが盛りだくさんで、怖がりの家族3人（主に怖がりは父のみだが）、とても楽しめたし、そこで働く方々の、来場したお客さんをなんとしても楽しませようという気概のようなものを感じ取ることができて、とても満足なひとときでした。

ただ、すっかり遠出してしまった父の威厳は、多分もう帰宅することはないでしょう。

2023/1/15

山田孝之に叱られる

「この件で、世界で一番落ち込んでるのは俺だからさ、まあ、うん、もう、分かったから……」

そう力なく言った僕に、ようやく妻は、叱るのを（一旦）やめました。

先日、あるツイートをしたことで、本当に今までで一番、妻に怒られました。

わりと常時妻に怒られてる僕が「今までで一番」というのですから、その苛烈さは想像してくださいませ。

もう一度再掲するのも心苦しいのですが、当コラムの読者諸兄には、僕のツイッターの駄文などいちいち見てないという方々も当然おいでだと思い、当該ツイートの再掲を。

『映画「はるヲうるひと」は、イギリスで邦画を配給するある会社が、その年の175本の邦画のうち、1位にしていた。韓国の映画祭では最優秀脚本賞も頂いた。日本の映画祭ではオール完無視。いや、もちろん。僕たちは賞なんかのためにやってない。ただ、ファックユーくらいのことは言っておきたい。』

続いてその直後に、

『言うまでもなく、悔しさと、負け惜しみだ。上記ツイートを見た妻から烈火の如く怒られたからではない。本当に、単なる、負け惜しみだ。』

と、ツイートしたのです。

ふー。

いやはや、また落ち込んでまいりました。

落ち込むならツイートしなきゃいいじゃん、と思ったそこのアナタ。

禿げ同。

いきなりネット用語を繰り出してる場合ではありません。そして使い慣れていないので「激同」が正しいのか「禿げ同」が正しいのかあるいは正しいとか正しくないということがそもそもないのか幾ばくかの不安が残ります。

そんなことはいいんです。

ツイートにも書いたように、自分の力不足や悔しさから出た「負け惜しみ」だったことは間違いありません。妻に怒られたことは別にしても、みっともなく、体が捩(よじ)れるほど恥ずかしい思いで一杯になります。

そして恐らく間違いないのは、それこそ命懸けで、いい映画を見逃すまいとの気概で、選考にのぞんでいる委員の方々がたくさんいらっしゃると思うんです。

私めが主演した映画『さがす』は、それこそ低予算ですが、「席巻」と言って差し支えないほど、各賞にノミネート、さらに受賞もしました。

これまた非常に低予算の、僕の初監督作品『memo』は、公開劇場数館という、かなり小規模の作品だったにも関わらず、日本でも屈指の歴史を持つ、老舗の映画祭の実行委員の方が高く評価してくれ、招待されました（ちなみにその映画祭に同じく監督としていらしていた、津川雅彦さんからの「映画は規模じゃないぞ」との叱咤は、今も僕の宝物です）。

逆に、高い予算の作品も、当然といえば当然ですが、それこそ皆、死に物狂いで、勝負を賭けて、作品を創っています。

件のツイートをした夜、落ち込みのあまり、とてもこのままでは眠れなさそうで、『はるヲうるひと』のプロデューサー・飯塚達介、そして主演の山田孝之と呑みました。てか、駆けつけてくれました。

怒られました。

特に孝之に。

「先輩ですが一言いいですか」と急に言うので、なんだろと思ったら、「ツイッター、やめちまえ」と。

さらに孝之には「功を焦るな」という趣旨のことも言われました。

ツイートを見て心配して連絡してきてくれた安田顕とは電話で話しましたが、とても愛のある叱咤をもらいました。

忙しいにも関わらず、少しだけ顔を出してくれた黒木華は、終始笑顔でいてくれました。

最後に残ったのは、孝之、飯塚、僕。

帰り際、タクシーに乗ろうとした孝之は、急に振り返り、僕に強めのハグをしました。

そんな二人を、飯塚はずっと見守っていました。

創る人も、演じる人も、選ぶ人も、皆、必死。

だから、恐らく僕には、「負け惜しみ」を放出してる暇などないのだと思います。

前へ。『memo』『はるヲうるひと』という、どの作品もそうであるのと同様に、関わったすべての人、ご覧頂いたすべての方々のさまざまな思いが詰まった、自分にとってかけがえのない作品のためにも、前へ。

そう気づいたことが、たくさんの友人から怒られた今回のことで唯一僕が得た「功」だと思っています。

2023/02/12

僕が「冒険」しないでどうする？

大学時代の友人、今は西日本新聞に勤めるT氏からメール。

1年前に亡くなった映画監督の青山真治（あおやましんじ）さんが、その著書『宝ヶ池の沈まぬ亀Ⅱ　ある映画作家の日記2020‐2022──または、いかにして私は酒をやめ、まっとうな余生を貫きつつあるか』（boid）の中で、2014年頃に西島秀俊（にしじまひでとし）さんと二朗の主演で映画を企画していたことを書いている、と。

その頃から既に、という青山さんの慧眼（けいがん）に感動してメールした、と。

僕は全くの初耳（企画が成立しなかったので当然だが）だったので、買って読んでみた。

抜粋。

「佐藤二朗さんの新作記事を見て『空白を満たしなさい』の企画をまざまざと思い出し、あれは『共喰い』と『奏鳴曲』の間あたりだから二〇一四年ごろか、あそこで西島／佐藤が実現してたらどうなっていたかと不思議に思う。まさか人を恨んで生きる気はサラサラないが、自分の周囲が驚くべき無知蒙昧な未開の地だったなあとしみじみ。やはり彼らはいいのだ、という厳格な事実を現実が証明している。」

率直に言う。

もし、僕が当時、青山さんの周りにいたとしたら、僕も青山さんを止めただろう。「佐藤二朗なんて無理だよ」。

しかし、青山さんには「確信」があったのだと思う。周りはなんと言おうと、周りと意見が違おうと、自分の選球眼の「確信」が。

この言葉が相応しいか分からないが、いわゆる芸能界というところは、「場所取り合戦」だと聞いたことがある。

この俳優は大体このポジション、あの俳優は大体あのポジション。

友人の、あるプロデューサーから昔、聞いた話。

「これは僕らも反省すべきなんだけど、この俳優のココがいいと分かったら、ずーとそこの役柄で使っちゃうんだよねぇ。本当は力あるから色んな役ができると思うのに」

ある意味、当然だと思う。「冒険」など、そう容易くできるものではない。先に書いたように、僕だって、安全パイを選ぶかもしれない。

しかし思う。

堤幸彦は、23年前、当時テレフォンアポインターのアルバイトをしていた、もちろん全くの無名の僕を、医者Aというほとんどエキストラに近い役の僕を、「俺は面白い人を撮りたい」と、常識では考えられないくらいフューチャーして撮った。

そのたったワンシーンを見た、故・小口健二は、「君は必ずどこに行っても売れる。ただウチなら少しだけ近道を照らしてあげられるよ」と僕に言い、自身が創設した事務所に引き抜いた。繰り返すが、たったワンシーンを見ただけで。

コントを銘打ってるのに客は一切笑わず、「つき合いで来てみたが金と時間を返せ」と殴り書きしたアンケートもあったほど悲惨な結果だった公演を見た舞台演出家の堤泰之は、「え？　二朗くんのホン、面白いよ」と、そのあとの「ちからわざ」の全公演の演出を担ってくれた。

河毛俊作は、超がつくほどの豪華俳優たちが揃ったドラマ『人間の証明』の打ち上げで、当時端役ばかりだった僕の耳元で「この作品の一番の収穫はお前だよ」と囁いた。

永森裕二は、『幼獣マメシバ』のお金を出してくれる製作委員会の面々を前に、「主演は佐藤二朗でいきます。以上」と、「誰だ、それ」と皆が呆気に取られてるうちに席を立ち、企画を実現させた。

福田雄一（ふくだゆういち）は、当時誰も考えなかった僕の部分に目をつけ、洪水のように作品をつくり続けた。

片山慎三は「まだ世間が知らない佐藤二朗をなんとしても見せたい」と、大事な大事な自分の商業監督デビューの作品で、僕にアテ書きし、主演に招き入れた。

「コメディなら金を出す」という声が相次ぐ中、ヨシヒコと仏とはまるで違う世界観で僕が監督する作品に、山田孝之は主演として賭けてくれた。

俺が「冒険」をしないでどうする。

こういった人たちのために、と言うのは口当たりが良すぎるかもしれない。だが、たくさんの「確信」を持ってくれたクリエイターたちに、俺自身が「まあ、なんとなく、大体このポジション」に甘んじていては、到底顔向けができない。

「場所取り」の「場所」なんて木っ端微塵にしてやる。

それが、多くの「確信」に報いる、唯一の恩返しだと思っている。

2023/03/12

あとがき

見切り発車で始めたコラムですが、気づいたら5年、書き続けています。
意地でも時事問題や世間を賑わす社会現象などについては書かない（てか、書けない。書く能力がない）と決め、そういったことは僕より何千倍も頭のいい、然るべき方々にお任せし、とにかく読者の皆さまにご笑納頂けたらとの思いで5年。

改めて読み返してみると、これしかしよく「AERA dot.」は載せてくれたなと思うものばかりで、この「駄文」を掲載し続けてくれた担当K氏、編集部各位、そして何より読者諸兄に、改めて感謝至極の心境であります。

というのは実は、建前でして（あ、もちろん感謝至極は本心です）、先ほど自分の文を「駄文」と書きましたが、何を隠そうこれこそが「AERA dot.」における僕の、些少なれど存在意義だと思っています。

「駄文」の「だ」は、「無駄」の「だ」です。中身がなく、無駄な文章。本書に掲載された、そのほとんどが、まさに「無駄な文章」です。


僕は『勇者ヨシヒコ』というドラマで「仏」を演じました。ヨシヒコたちに仏として旅のお告げを与えるのですが、この仏、仏にあるまじき適当さで、セリフを噛んだり、忘れたり。そのほとんどが、中身がなく、無駄なお告げばかり。ただ、もう時効なので言いますが、この「セリフを噛む」「セリフを忘れる」シーンは、通常のシーンの何倍も、何十倍も稽古してから撮影にのぞみました。


「中身のないもの」「無駄なもの」に心血を注ぐ。いやはや、とても「大人」のすることではありません。

しかし、大袈裟を恐れずに言えば、これ、エンタメの本質じゃなかろうかと思うのです。

もちろん「学び」があったり、「新たな見方」を示したり、そういう文に価値があることは言うまでもありません。

だけど、なんの役にも立たない、なんの中身もない、ただ読んだあと、ひと笑いくらいはできて、ひょっとすると読む前よりほんの少しでも元気になれるかもということが、それらに比べて小さな顔をしてなきゃならない理由が僕には思い当たりません。小さな顔は憧れではありますが。

だから担当K氏や「AERA dot.」編集部各位は、駄文「なのに」載せてくれた、ではなく、駄文「だから」載せることにした、と思っています。

そして、ここまで連載を続けられたのは、何より僕の中にある「別腹」が大きな理由だと思っています。

僕は、演じる欲求とは「別腹」で、書く欲求があるようです。

ツイッターもコラムも、僕の中の「別腹」、書く欲求を吐き出すツールの一つとして、利用させてもらってる感じ。あぁ、やはり重ねて、読者諸兄や関係各位に感謝です。

さらに感謝ついでにワガママを言い、本書に、今まで僕が書いたシナリオを5編、掲載してもらいました。

現在3作目の監督作を実現させるべく動いておりますが、今まで残念ながら実現（撮影）

に至らなかったシナリオが、僕には何本もあります。
このまま闇に葬るのはあまりに忍びなく、というか、あまりに悔しく、運よく発表に至った（無事に撮影され、放送に至った）ドラマシナリオ3編と共に、実現に至っていない未発表の映画シナリオを2編（一部抜粋と冒頭部分）、掲載しました。
それを読み、わずかでも興味を持つプロデューサー等の人が現れ、お蔵入りの憂き目から脱却するかもしれない、などという邪な考えは、少しもどころか大いに抱いております。もはや手段を選んでるばやいではないのよ。マジな話。

おぉ。いつの間にか分量的に「あとがき」も結びの頃合い。「お前はコラムだけでなく、あとがきも思いつくまま書いているのか」と呆れられそうですが、ここは「あとがき」らしく、各位に改めて感謝を。

先に書いた、「AERA dot.」編集部や担当K氏はもとより、朝日新聞出版の森鈴香さん、本のデザインの前田歩来さんと植草可純さん、そして漫画家の新井英樹さん！（映画『宮本から君へ』でお世話になりました。『ザ・ワールド・イズ・マイン』は昔も今も、僕のバイブルです！）、皆さまのおかげで、僕にとって、かけがえのない、比肩するものがない（誰も肩を並べたがらない笑)、「駄文集」ができました。僕はこの「駄文集」を誇りと自信を持って皆さまにお届けするつもりです。心からのお礼を。

この本を手に取った方々が、読む前よりほんの少しでも元気になり、前方を見上げる力になることを願って。

佐藤二朗

だんらん

2013年1月発表

協力
カンテレ

34　矢沢家・縁側

縁側で一人将棋をさしている庄司。
と、英吉が帰ってくる。
呼び止める庄司。

庄司　「久しぶりに……さすか？」
英吉　「……」

渋々、盤の前に座る英吉。
夕日が差し込む縁側で、無言で静かに将棋をさす、祖父と孫。
遠くで焼き芋売りの声が聞こえる。
……ふいに英吉が口を開く。

英吉　「……おじいちゃんはさ」
庄司　「ん？」
英吉　「楽しい？……生きてて」
庄司　「……またゴッツイ難儀な質問やなァ」
英吉　「……」
庄司　「まあ……難儀や」
英吉　「……」
庄司　「生きるっちゅうんは、難儀なこっちゃ」
英吉　「……やっぱり、楽しない？」

庄司　「どうやろなァ……ただ、」
英吉　「ただ？」
庄司　「今のおじいちゃんには、悩みも不満も、1ミリもない」
英吉　「……羨ましいよ」
庄司　「……ホンマか？」
英吉　「え？」
庄司　「ホンマに、悩みも不満もないんが、羨ましいか？」
英吉　「……」

遠くで焼き芋売りの声がする。

庄司　「……鍼（ハリ）ってあるやろ？」
英吉　「え？」
庄司　「鍼。鍼灸院の鍼」
英吉　「……」
庄司　「あれ、なんで体に効くか、知ってるか？」
英吉　「……知るかいな」
庄司　「……傷を、つけるからや」
英吉　「……」
庄司　「体に、傷をつけるからや。その傷を

補おうと血ィの流れが良うなって、その結果、肩こりやら腰の張りやらが、治るんや」

英吉　「……」

庄司　「血ィがな、なんや、赤血球やら、え〜、赤血球やら、あ〜……」

英吉　「赤血球、白血球、血小板」

庄司　「……うん。そういった、人たちが」

英吉　「人ちゃうし」

庄司　「必死になって、」

英吉　「……」

庄司　「傷を、補おうとする。それが……」

英吉　「……それが？」

庄司　「(英吉をしっかりと見)……生きる、力や」

英吉　「……」

少しだけ、静かな風が吹く。遠くで聞こえる焼き芋売りの声。

英吉　「……難儀やな」

庄司　「……難儀や」

縁側に差し込む、オレンジ色の陽射し。

2013年1月に関西テレビで放送されたドラマシナリオの一部抜粋です。「庄司」を近藤正臣(こんどうまさおみ)さん、「英吉」を菅田将暉(すだまさき)さんが演じました。自分が書いた中でも、とても好きなシーンなので掲載しました。

佐藤二朗　さとう・じろう

1969年5月7日生まれ、愛知県出身。俳優、脚本家、映画監督。96年に演劇ユニット「ちからわざ」を旗揚げ、全公演で作・出演。様々なジャンルのドラマ、映画に多数出演。近年では『ひきこもり先生』シリーズ（主演）、大河ドラマ『鎌倉殿の13人』（NHK）の比企能員役が話題に。また、新感覚の教養番組『歴史探偵』（NHK）の所長や、『超逆境クイズバトル!! 99人の壁』（フジテレビ）では主宰を務めるなどマルチな才能を発揮し人気を博している。2021年に公開された映画『はるヲうるひと』では、原作・脚本・監督を務め、海外の映画祭で最優秀脚本賞を受賞、22年公開の主演映画『さがす』でも、その演技が高く評価され国内の映画祭で最優秀男優賞を受賞した。23年8月11日には最新作『リボルバー・リリー』が公開予定。24年春には主演作を含む映画3作品の公開を控えている。著書に、Twitter投稿から厳選した117のツイートに、本人のツッコミをつけて掲載した自身初の書籍『佐藤二朗なう』（AMG出版）、第二弾『のれんをくぐると、佐藤二朗』（イコロ）がある。

心（こころ）のおもらし

2023年6月30日　第1刷発行

著　者　佐藤二朗
発行者　宇都宮健太朗
発行所　朝日新聞出版
〒104-8011
東京都中央区築地5-3-2
電話　03-5541-8814（編集）
03-5540-7793（販売）
印刷所　大日本印刷株式会社

ISBN 978-4-02-332288-2

定価はカバーに表示してあります。

落丁・乱丁の場合は弊社業務部（電話03-5540-7800）へご連絡ください。
送料弊社負担にてお取り替えいたします。